책짓기
건축술

책짓기 건축술

지은이 | 박성배, 김재민, 박영순, 이은혜, 이해성, 박성화, 박반석, 임동택, 이경채, 김종순
펴낸이 | 원성삼
책임편집 | 김지혜
본문 및 표지디자인 | 김경석
펴낸곳 | 예영커뮤니케이션
초판 1쇄 발행 | 2018년 8월 19일
등록일 | 1992년 3월 1일 제2-1349호
주소 | 04018 서울시 마포구 동교로 55 2층(망원동, 남양빌딩)
전화 | (02) 766-8931
팩스 | (02) 766-8934
홈페이지 | www.jeyoung.com
ISBN 978-89-8350-996-3 (03230)

값 16,000원

이 도서의 국립중앙도서관 출판예정도서목록(CIP)은 서지정보유통지원시스템 홈페이지
(http://seoji.nl.go.kr)와 국가자료공동목록시스템(http://www.nl.go.kr/kolis-
net)에서 이용하실 수 있습니다.(CIP제어번호: CIP2018023023)

 모든 인간은 하나님의 형상을 닮은 존귀한 존재입니다. 사람은 인종, 민족, 피
부색, 문화, 언어에 관계없이 모두 다 존귀합니다. 예영커뮤니케이션은 이러한
정신에 근거해 모든 인간이 존귀한 삶을 사는 데 필요한 지식과 문화를 예수 그리스도의
사랑으로 보급함으로써 우리가 속한 사회에 기여하고자 합니다.

김재민

이은혜

이해성

박성배

박영순

삶의 이야기로
인생의 책을 건축하라
CBS 방송아카데미 내적치유 책짓기 건축술 기획

책짓기
건축술

박반석

박성화

이경채

김종순

임동택

예영 커뮤니케이션

인생은 한 권의 책과 같다.
어리석은 사람은 대충 책장을 넘기지만
현명한 사람은 공들여서 읽는다.
그들은 단 한번 밖에 읽지 못한다는 것을 알기 때문이다.

_장폴(Jean Paul Richter)

하나님이 모세에게 십계명을 돌판에 내려 주신 이후, 인류에게 글은 생명을 기록하고, 선대의 삶을 다음 세대에게 알리는 도구가 되었습니다. 즉 글에는 하나님이 주신 생명이 있다는 것입니다. 성경 역시 하나님의 호흡입니다. 말씀하신 것이 글에 담겨 있기에, 성경에는 다른 글과 달리 마침표가 없습니다. 간혹 중간중간에 따옴표가 있을 뿐입니다. 살아서 역사하시는 주님의 말씀이고 호흡이기에 마침표가 없는 것입니다.

글에는 생명이 흐릅니다. 그 증거로 인터넷 상의 선한 댓글은 사람들에게 용기와 희망과 격려가 됩니다. 그러나 악한 댓글은 당사자에게 상처를 주고, 급기야 죽음의 길로 내몰기도 합니다. 글은 한 생명을 살리는 도구가 될 수도, 그의 마음에 상처를 주는 무기가 될 수도 있습니다.

대한민국의 오늘, 하루 24시간, 36명의 사람이 자살합니다, 그 중에 1.5명의 청소년들이 생을 마감합니다. 아버지로서, 선생으로서, 한 세대의 선배로서, 신앙인으로서, 나에게 죽어 가는 청년들의 아픔은 크나큰 기도 제목 중의 하나였습니다. 그런데 그 죽어 가는 청년들을 글쓰기를 통해 살릴 수 있습니다.

집단 따돌림이나 우울증으로 극단적인 선택을 하는 학생들은 일기를 전혀 쓰지 않는 학생들이 대다수였습니다. 매일매일 규칙적으로 일기를 쓰는 학생들의 경우에 극단적인 선택을 하지 않습니다. 그 이유는 바로 글쓰기를 통해 자신의 아픔, 상처, 열등감 등 모든 문제를 고백했기 때문입니다. 고백은 나를 객관화하는 과정 중의 가장 큰 첫 관문입니다. 고백을 통해 상처를 토해 냅니다. 분노를 토해 냅니다. 그래서 정직한 글쓰기는 나의 자존감을 지키게 하고, 생명의 근육을 키워 줍니다.

이러한 규칙적인 글쓰기, 일기 쓰기에 성령님이 동행하시면, 영성 일기가 됩니다. 모세는 자신과 이스라엘 민족에게 찾아오신 하나님과의 동행을 기록하여 모세오경을 저술했습니다. 사도 바울도 성경에 기록된 수많은 서신서를 통해 동행하시는 성령님을 기록했습니다. 마태, 마가, 누가, 요한 사도도 동일합니다. 우리는 예수 믿으면 천국을 가는 시간을 통과해서, 축복의 시대를 지났고, 주님과 동행하는 성령의 시대에 살고 있습니다.

예수님과의 동행 일기, 즉 영성 일기 운동을 통해 청년이 살아나는 것을 목격합니다. 상처가 회복되는 것을 봅니다. 글을 통해 다른 사람이 치유되는 놀라움을 경험합니다. 여러분도 이러한 글쓰기의 주인공이 될 수 있습니다.

첫째, 누구나 자신이 살아온 삶 그 자체가 뉴스입니다. 세상적으로 높고 낮음이 아니라 여러분이 살아온 그 삶 자체가 기록이고 역사입니다.

둘째, 말하듯 글을 쓰면 됩니다, 말이 곧 글입니다.

셋째, 보이는 것처럼 글을 쓰면 유익합니다.

넷째, 특별하게 문학수업을 받지 않으셨어도, 마음으로 글을 쓰면 됩니다. 정직만큼 감동을 주는 것이 없기 때문입니다.

다섯째, 아픔을 기록하면, 기쁨이 됩니다. 이는 놀라운 고백의 힘입니다. 객관화의 힘입니다. 흐르는 물처럼 그 글을 읽는 타인에게도 치유와 감동이 일어납니다.

네덜란드 출신의 영성가인 헨리 요제프 미카엘 나우웬(Henri Jozef Michiel Nouwen, 1932-1996)은 "상처입은 사람만이 치유자가 될 수 있다."고 고백했습니다.

오늘, 지금 당장, 바로, 이 순간 당신의 마음을 기록하십시오. 그러면 위로가, 용서가, 상처가, 눈물이 나를 살리는 울림으로 다가올 것입니다. 그래서 청년에게 글쓰기를 권합니다. 또한 목회자 분들께 글쓰기를 권합니다. 그리고 백세시대를 맞이하여 은퇴하신 모든 분께 글쓰기를 권합니다. 이 땅의 모든 아버지와 어머니에게 글쓰기를 권합니다. 아이들은 부모의 등을 보며 자란다고 합니다. 글쓰기를 하는 아버지와 어머니의 영성일 기가 자녀에게 생명을 줍니다.

글쓰기로 자신의 삶을 개척한 사람은 너무나도 많습니다. 내적 치유 글쓰기, 영성 일기 운동이 교회학교를 중심으로 생명을 살리는 새로운 성령운동이 될 것입니다. 여러분들과 함께 다음 세대를 살리는 사명에 함께하고자 합니다. 헛되고 헛된 삶입니다. 휴대폰에서 문자만 보낼 수 있다면, 글을 쓸 수 있습니다. 글쓰기로 나를 되찾고 다음 세대를 살리는 일에 동역자가 되어 주십시오.

내적치유 글쓰기는 인생을 치유합니다.
죽어 가는 생명을 살립니다.

2018년 7월
CBS 방송아카데미 윤학렬 교수

차 례

1

책짓기 건축술을
말하다

_박성배

독서광, 작가, 목사, 방송인, 강사, 책짓기 코치이다. 2011년 『한 걸음 더』(북셀프)를 시작으로, 『나는 매일 희망을 보며 행복하다』(북셀프), 『아름다운 발걸음』(예영커뮤니케이션), 『일어나다』(행복에너지), 『크리스천을 위한 책쓰기 미션』(청어), 『통일을 앞당겨 주소서』(예영커뮤니케이션), 『한국이 온다』(가나북스), 『다독다독 책·꿈·행복』(예영커뮤니케이션) 등 다수의 저서를 출간했다. 계속 책을 쓰고 책짓기 코칭을 하고 있다.

서울용문고등학교를 졸업하였으며, 연세대학교 연합신학대학원에서 교회 역사를 전공(Th.M), 장로회신학대학교에서 박사 학위(Th.D.), 영국 웨일즈에서 지도자 과정인 L.A.P.(Leader as a Person), 스위스 로잔에서 C.D.T.S.(Cross Cultral Dicipleship Training School) 과정을 공부했다. 극동방송에서 "통일을 앞당겨 주소서", "히즈북", "희망 한국이 온다"를 진행했다.

현재는 한국선교교육재단의 "한국 선교 역사" 교수이며, CBS 방송아카데미 교수이다. 인천공항하늘신도시에서 드나드는 선교사들을 돕는 "한우리 미션 밸리(H.M.V:Hanwoori Mission Valley)" 대표와 한우리교회 목사로서 '통일 코리아와 미션 코리아'를 준비해 가고 있다.

"인천광역시도서관발전진흥원" 소속 도서관인 수봉, 영종, 율목, 꿈벗 도서관의 지역 우수 인재로 선정되어 "책짓기 건축술" 멘토로 활동 중이다. 강의 및 책짓기 건축술 코칭 문의는 이메일로 받고 있다.

samuel-pk@hanmail.net

작가 장 폴(Jean Paul Richter: 독일의 소설가, 1847–1937)은 "인생은 한 권의 책과 같다. 어리석은 사람은 대충 책장을 넘기지만 현명한 사람은 공들여서 읽는다. 그들은 단 한 번 밖에 읽지 못한다는 것을 알기 때문이다."라고 했다. 또한 책 한 권을 쓰는 것은 집을 하나 짓는 것과 같다고 할 수 있다. 그러한 의미에서 건물을 설계하는 건축가와 책을 짓는 책짓기 코치는 기능과 역할 면에서 같다고 할 수 있다.

2006년, 미국 시카고를 방문했을 때 세계적인 건축가 프랭크 로이드 라이트(Frank Lloyd Wright, 1867–1959)의 사무실을 방문한 적이 있다. 그는 동경대지진 때 무너지지 않은 임페리얼호텔을 지은 것으로 유명하다. 그는 호텔 공사를 맡고 호텔을 짓는데 무려 2년 동안 기초 공사에 매달렸다고 한다. 돈이 많이 들어갔고 기초 공사에 너무 오랜 시간을 보냈다. 그것은 주변 사람에게 비난의 대상이 되었다고 한다.

결국 기초 공사 2년과 나머지 공사 2년, 4년 만에 이 호텔은 완성되었다. 그런데 이 호텔이 세워지고 52년이 지난 후 동경대지진이 발생했다. 이때 건물 내부는 전혀 손상되지 않았고, 견고하게 서 있었다고 한다. 그 이후로 프랭크 로이드 라이트라는 이름은 일본 건축계에 신화처럼 회자되었다고 한다. 그는 건축가로서 1차 황금기에 토마스 주택, 로비하우스, 유니티교회를 지었다. 그리고 모든 것이 끝났다고 할 때에 다시 모든 역경을 딛고 일어나 1936년 이후 제2의 전성기를 맞이하여 존슨 빌딩, 낙수 장, 구겐하임 등의 대표작을 쏟아 내었다.

나 역시 건축했던 건물이 파산하는 과정을 겪으면서 10년 간 독서와 글쓰기로 내공을 쌓았다. 그리고 다시 인생이 주는 기회를 얻었다. CBS 방송아카데미에서 윤학렬 교수와 함께 "내적치유와 책 만들기 8주 과정"을 강의하면서 프랭크 로이드 라이트가 명품 건물을 지었던 것처럼, 명품 책을 짓는 '책짓기 코치'가 되어야겠다고 생각했다. 건축가 라이트는 평생 1,100점 이상의 프로젝트를 진행했으며, 그중 1/3이 마지막 10년 동안에 이루어졌다고 한다. 모두가 은퇴하는 70이 넘은 나이에도 모든 직원의 스케치 하나하나를 확인하고, 건물의 작은 디테일까지 모두 체크했다고 한다. 그는 모든 프로젝트를 직접 건축주와 상담한 것으로도 유명하다. 나도 라이트처럼, '책짓기 코치'로서 책을 짓는 한 사람, 한 사람의 사정과 형편에 맞는 책을 짓게 해 주고 출간할 때까지 끝까지 책임을 지는 '책짓기 코칭'을 하고자 한다.

보통은 상업적 의미의 '책쓰기'를 말하고 있으나 나는 여기에서 '책짓기'를 말하고자 한다. 건축가가 전문 지식을 동원해서 하나의 집을 설계하면, 시공사는 그 건축 설계도를 따라서 하나의 집을 짓는다. 그리고 건축 시공이 끝나면, 그 집에 꿈과 희망을 가지고 소중한 사람들이 인생을 만들어 간다. 하나의 집이 완성되면 그곳에 내일의 꿈과 희망을 가진 사람들이 살아가듯이, 한 권의 책이 지어지면 그 책 속에서 기록된 꿈과 희망을 따라서 많은 사람이 인생을 만들어 가게 된다. 그러한 면에서 '집짓기와 책짓기는 같다'고 할 수 있다. 책쓰기라는 표현보다 책짓기라는 표현은 좀 더 정겨운 삶의 사랑이 묻어나는 의미라서 좋다. 상업적 의미의 책쓰기 코칭보다는 정겨운 삶이 담겨져 있는 "책짓기 건축술"을 이제부터 말하고자 한다.

나는 2007년, 하나의 집을 지었다. 교회 건물과 사택을 함께 쓸 수 있는 건물을 지었다. 10억여 원을 들여 지은 건물을 위해서 오랫동안 준비했다. 재정을 준비했고, 어떠한 건물을 지어야 할지도 많이 연구했다. 2000년도에 스위스에 있으면서 본 건물과 영국에서 살면서 본 건물의 모양을 설계에 많이 적용했다. 2층은 스위스 식으로 아주 높은 천장을 만들었고, 3층에는 운치 있는 다락방을 만들었다. 오랫동안 공들여 준비하고 전문 설계사에게 맡겼을 때, 설계사는 의미심장한 말을 했다.

"지형에 맞는 건물을 설계해 드리겠습니다."

인천공항신도시 입구의 도로 옆에 위치한 땅에 맞는 설계도를 그려 오겠다고 말한 설계사는, 약속대로 한 달 후에 건물 설계도를 가지고 왔다. 그리고 그 건물의 설계도를 자세히 설명해 주었다. 나는 하나의 건물을 짓는 데 필요한 설계도가 책 한 권 분량이 될 만큼 세밀하다는 것에 놀랐지만, 설계도 내용이 아주 자세히 되어 있는 것에 신뢰를 갖게 되었다. 신뢰를 가지고 그 설계도에 따라 집짓기를 시작했다. 나는 책짓기 코칭을 하면서 그때의 경험과 기억을 살려서 책 목차를 설계도처럼 정교하게 만들어 주고 있다. 한 권의 책을 쓰는 것은 집 짓는 일처럼 인생을 브랜딩(Branding)하는 최고의 일이기 때문이다.

하나의 집을 짓는 것과 한 권의 책을 짓는 일은 과정이 같다. 하나의 집이 지어지면 소중한 사람들이 그 공간에서 행복한 삶을 살아가듯이, 한 권의 책이 지어지면 수많은 사람들이 그 책 안에 들어와 작가의 생각에 공감하면서 행복한 미래를 공유하게 된다. 그래서 나는 10년의 바다 체험을 바탕으로 '책짓기 건축술'을 말하는 것이다. 나는 오랫동안 공들여 준비한 건축에 너무 비싼 건축비를 투자하는 바람에 은행 이자 부담이 커져서 결국 그 집에서 행복한 삶을 살지 못하고 많은 고통을 겪었다. 그 기간 동안 인근 도서관에서 본 만여 권의 책과 글쓰기가 나를 다시 기초가 든든한 사람으로 만들었다. 나는 그 고통스런 10년 간 쌓여진 내공과 8권의 책을 쓴 체험을 바탕으로 "책짓기 건축술"을 말하게 되었다. 그럼 이제 CBS 강좌에서 강의했던 '책짓기 건축술의 여덟 가지 단계'를 살펴보자.

구상하기

첫 번째 단계는 내 인생을 말하는 스토리텔링(Story Telling)이다. 인간은 누구나 이야기를 가지고 있다. 내 인생의 가장 중요한 이야기, 즉 스토리는 무엇인가? 나는 책짓기 코치로서 첫 번째 시간에 내 인생의 스토리를 이야기하게 한다. 그 구체적인 방법으로 내가 만든 스토리텔링 10가지 질문지를 작성하게 한다. 그리고 그 작성된 스토리텔링 질문을 중심으로 그 사람의 인생 스토리를 파악하게 된다. 스토리텔링은 어떤 책을 지어야 하는지에 대한 밑그림과 기초 작업이 된다. 내 인생의 스토리 속에 한 권의 책이 있다. 좋은 책을 짓기 위해서는 먼저 내 인생의 스토리를 면밀히 관찰해야 한다. 인간은 누구나 스토리를 가지고 있고, 그 스토리를 냉철하게 분석해 보면 그 속에서 한 권의 책을 발굴해 낼 수 있다. 사람은 누구나 스토리를 가지고 있고, 그 스토리 속에 한 권의 책이 있다.

좋은 책을 짓기 위한 스토리텔링 질문 10가지

1. 내 책은 어떤 스토리로 쓰고 싶은가?
2. 나의 어린 시절 태어나고 자란 곳은 어디인가?
3. 내 인생에서 가장 행복했던 순간은 언제였는가?
4. 내 인생에서 가장 힘들고 아팠던 순간들은 언제였는가?
5. 내 인생의 좌우명, 성경구절, 찬송가는 무엇인가?
6. 내 인생의 멘토는 누구인가?
7. 내 인생의 책 적어 보기(한 권의 책은 한 사람의 인생을 만들어 준다.)
8. 책과 관련해서 올해의 나의 희망과 기도제목은 무엇인가?
9. 역사 속의 존경하는 인물(국내, 해외)은 누구인가?
10. 평생의 사명은 무엇인가?

10가지의 스토리텔링을 하면서 내 인생을 정직하게 돌아보게 되고, 그것이 기초가 되어 책짓기의 밑그림이 준비된다.

두 번째 단계는 인생의 주제인 콘셉트(Consept) 잡기이다. 콘셉트 잡기는 목차 구상의 내용과 방향을 설정해 준다. 어떻게 나와 잘 어울리는 이미지와 콘셉트의 책을 쓸 것인가? 콘셉트를 잡기 위해서는 내 인생의 숙명적인 키워드(Key Word)를 찾아야 한다. 숙명적인 하나의 키워드는 하면 할수록 더 재미있고, 더 잘하게 되고 그래서 더 풍요로워지는 필생의 업이며, 단 하나의 키워드이다.

좋은 책을 짓기 위해서 인생의 키워드를 찾아보자. 인생의 키워드를 찾고 한 가지 일에 헌신한 사람들은 최고의 인생을 살아간다. 스티븐 코비, 브라이언 트레이시, 루 홀츠, 아니타 로딕, 디팩 초프라 등 일류 강사들은 한 번 강의에도 3-5억 원 정도를 받는다고 한다. 그들은 리더십, 성취 동기, 몸, 건강이라는 숙명의 키워드에 최소한 1만 시간 이상을 쏟아 부었기에 그런 경지에 오를 수 있었을 것이다.

라이트 형제의 키워드는 '비행'이었다. 토마스 에디슨이 선택한 키워드는 '발명'이었고, 알프레드 노벨은 '화약', 베토벤은 '피아노와 작곡', 박세리는 '골프', 오프라 윈프리는 '토크쇼', 박지성은 '축구', 운보 김기창 화백은 '그림'이라는 키워드를 선택했다. 그리고 그 키워드에 인생의 승부를 걸었다. 운명을 건 키워드에 모든 시간과 에너지를 투자했고, 그 키워드에 관해서 만큼은 최고의 경지에 도달했다.

최고의 경지에 달하는 인생을 위해서 키워드를 찾아야 하는데, 첫 번째 키워드는 신체적 특징에서 찾는다. 어떤 사람에게는 타고난 신체적 조건이 운명적인 키워드를 찾아내는 단서가 된다. 돌턴은 색맹이라는 장애를 딛고 「색맹을 논함」이라는 논문을 내놓았다. 색맹이라는 장애를 오히려 탐구의 대상으로 삼고 꾸준히 연구했다. 두 번째 키워드는 재능과 소질에서 찾는다. 어떤 사람에게는 천부적인 재능과 소질, 적성이 숙명적인 키워드를 찾아내는 계기가 된다. 세 번째 키워드는 취미와 취향에서 찾는다. 어떤 사람에게는 취미와 취향이 가슴 뛰는 삶을 살게 하는 숙명적인 키워드를 찾게 해 주는 단서가 된다. 네 번째 키워드는 가치관과 신념에서 찾는다.

인생의 단 하나의 키워드는 1만 시간을 투자해도 아깝지 않은 것이다. 책, 골프, 축구, 노래, 요리, 여행 등 하면 할수록 더 재미있고, 그래서 또 하고, 그러다 보니 실력은 늘고, 하지 않고는 견딜 수 없어서 또 하는 일이어야 한다. 나에게 어울리는 미래 키워드는 독특성, 탁월성, 역사성, 불변성, 소명성이 있어야 한다. 인생 키워드를 결정하고, 10년 법칙과 1만 시간을 투자하라. 바닥까지 파헤치고 끝까지 물고 늘어져, 당신의 삶을 집약할 하나의 키워드를 찾아내라. 당신의 미래는 그 숙명적인 키워드에 의해서 결정될 것이다. 좋은 책을 짓기 위해서는 내 인생의 스토리를 살펴보고, 내 인생의 키워드를 찾아보면서 '책짓기 건축술'을 구상해야 한다.

설계도 짜기

세 번째 단계는 목차 초안 잡기와 수정이다. 책을 짓는 것은 집을 짓는 것과 같은 과정을 거친다. 목차를 정하는 것은 책의 골격을 잡는 일이다. 목차는 건물의 골격인 기둥과 같다. 목차 초안 잡기를 위한 준비로 필독서, 샘플 도서, 핵심 키워드를 적용한다. 집을 잘 짓기 위해서는 우선 구상에 따라서 설계도인 목차를 잘 짜야 한다. 책짓기의 설계도면은 목차이다. 목차는 건물의 골격인 기둥만큼 중요하다. 독자들이 책을 살 때 가장 먼저 살피는 것은 제목과 표지, 그 다음으로 목차를 살펴보게 된다. 목차를 보면 그 책에 어떤 콘텐츠가 담겨 있는지 한 눈에 알 수 있다. 독자들에게 강하게 어필하려면 차별화되고 독특한 목차를 구성해야 한다.

좋은 책을 짓기 위해서는 책의 내용인 목차가 튼실해야 한다.

인생은 콘텐츠가 꽉 차야 하듯이 책은 목차가 튼실해야 한다. 그 콘텐츠는 독서를 통해서 내공을 키울 때 만들어진다. 나는 지난 10여 년 간 수많은 책을 보고 내공을 쌓으면서 책을 짓고, 책짓기 코칭을 하게 되었다. 그 사람을 보고 스토리를 들으면 그 사람 책의 목차를 만들어 낼 수 있게 되었다. 일본의 메이지대학교 교수인 사이토 다카시를 유명 인사로 만든 것도, 10여 년간 홀로 지내면서 수많은 책을 읽고 내공을 쌓고 책을 써 낸 결과였다.

오프라 윈프리는 어린 시절 역경이 많았지만 독서로 내공을 쌓고 토크쇼의 여왕이 되었다. 그녀의 '인생이라는 책의 목차'는 독서 내공을 통해서 튼실하게 만들어진 것이다. 우리 역사의 황금기를 만들었던 세종은 백독백습의 독서를 통해서 내공을 쌓고 인재들과 함께 찬란한 문화를 꽃피우게 했다. 세종을 책에 비유하자면 우리 역사에서 '가장 목차가 튼실한 책'이라고 할 수 있다. 미국 역사에서 가장 존경받는 지도자였던 아브라함 링컨도 독서 내공을 통해서 자신의 인생 콘텐츠를 채워간 것이 결국은 미국을 하나 되게 했다.

내가 힘들 때 가장 용기를 주었던 인물 중에 한 사람은 다산 정약용이다. 그는 강진 유배 18년을 독서 내공으로 인생 콘텐츠를 튼실하게 하였고, 그 내공을 바탕으로 목민심서 등 520여 권의 역작을 남겼다.

네 번째 단계는 목차 확정하기이다. 목차가 정해지면 책의 50%는 쓴 것이다. 튼실하게 정해진 콘텐츠(Contents)가 있는 목차는 독자에게 신뢰를 준다. 목차를 확정하기 위해서는 그 분야의 책 100권 정도는 분석해야 한다. 나는 2015년에 출간한 『크리스천을 위한 책쓰기 미션』(청어)을 위해서 100권 정도의 책을 분석했다. 튼실하고 정교하게 잘 지어진 건물의 설계도와 같은 목차를 짜야 한다.

그러므로 목차를 확정하기 위해서는 먼저 제목부터 점검해야 한다. 제목은 한 눈에 콘셉트를 파악할 수 있는 인생의 키워드가 적용된 제목이어야 한다. 매력적인 제목을 위해서는 몇 가지를 숙고해야 한다. 자신의 생각으로만 짜내려고 하지 말아야 한다. 서점에서 판매 중인 다양한 책 제목을 검색한다. 서점에서 판매 중인 다양한 서적의 목차를 분석한다. 책 속에서 매력적인 문장을 찾아내어 각색한다. TV와 CF의 카피 문구를 각색한다. 유명 명언을 자신의 방식대로 써 본다. 평소에 독서로 내공을 쌓고 부지런히 메모한다. 최고의 목차는 독자의 필요에 맞는 통찰력 있는 목차이다. 최악의 목차는 책의 주제와 내용을 한마디로 알 수 없는 목차이다.

목차의 확정을 위한 깊이 생각할 10가지

1. 핵심 키워드가 적용된 힘 있는 제목인가?

2. 간결한가?(Simple)

3. 짧은가?(Short)

4. 명확한가?(Clear)

5. 평소의 독서 내공과 메모를 적용하여 깊이 숙고하였는가?

6. 책의 내용과 맞는 목차 구성인가?

7. 복잡하고 장황한 표현은 없는가?

8. 목차들이 너무 길거나 어렵게 표현된 것은 없는가?

9. 맞춤법과 띄어쓰기가 잘 되어 있는가?

10. 독자의 눈높이에 맞추어 작성되었는가?

내가 가장 잘 쓸 수 있는 목차를 잡아야 한다. 목차만 봐도 책이 사고 싶어지는 매력적인 목차 구성이어야 한다. 이렇게 책의 골격인 목차가 정해지면 비로소 본격적인 책짓기인 '시공'에 들어갈 수 있다.

시공하기

다섯 번째 단계는 프로필 쓰기와 프롤로그 쓰기이다. 저자 프로필은 책의 내용에 맞는 매력적이고 감동적이어야 한다. 프롤로그에는 책을 왜 쓰는지, 어떤 내용을 쓰는지를 적어야 한다. 저자 프로필과 프롤로그는 책의 주제와 맞는 내용이어야 한다. 저자 프로필을 작성할 때는 자신의 이력과 함께 꿈과 비전, 지향하는 목표, 가치관, 인생관 등 눈길을 끌 수 있도록 써야 한다. 현재 당신이 하고 있는 일은 무엇이며, 어떤 일에 열정과 노력을 쏟고 있는지 강력하게 전달해야 한다. 출판사는 출간 제안서 가운데 저자 프로필을 가장 먼저 본다. 간혹 프로필만으로도 계약되는 경우가 있을 정도로 저자 프로필은 아주 중요하다. 저자 프로필을 쓸 때는 개성이 돋보이도록 매력적이면서도 독창적으로 써야 한다.

저자 프로필 작성의 7가지 실전 노하우

1. 책의 내용과 상관없는 프로필까지 상세히 나열할 필요는 없다.
2. 독자에게 전달하고 싶은 자신만이 쓸 수 있는 프로필을 써야 한다.
3. 남들과 차별화되는 스토리와 자신만의 강점을 풀어서 쓰면 좋다.
4. 출판사는 멀티가 가능한 저자를 원하므로 강연, 인터뷰,

언론에 노출된 경력, 강연 경력 등을 기록하여 자신의 능력을 보여 주어야 한다.

5. 이력서 같은 프로필은 출판사의 눈길을 사로잡을 수 없다.
6. 독자는 책을 구입할 때 저자 프로필을 가장 먼저 살펴보기 때문에 위기와 시련을 극복한 스토리로 독자의 가슴에 감동을 주어야 한다.
7. 매력적인 베스트셀러 작가들의 저자 프로필을 참고하여 쓰면 좋다.

저자 프로필로 저자가 누구인지를 알렸으면, 감동을 주는 프롤로그를 써서 책을 구입하기 위해 책을 펼친 독자들의 마음 문을 열게 해야 한다. 독자들은 제목을 먼저 보고, 목차를 살핀다. 그 후에 제목과 목차가 마음에 들면, 그때 가장 많이 살피는 것이 바로 '프롤로그'이다. 프롤로그에는 반드시 왜(Why) 이 책을 독자들이 읽어야 하는지와 무엇(What)에 대한 책인지를 기록해야 한다. 이 두 가지가 명확해야 독자들이 책을 구입하게 된다. 독자들이 책의 내용을 한마디로 꿰뚫어 알 수 있도록 문장을 간결하고, 쉽고, 잘 이해가 되는 문장으로 기록해야 한다.

프롤로그를 쉽게 시작하는 방법은 인용구로 시작하거나 강렬한 에피소드로 시작하는 것이다. 프롤로그는 첫 만남 같은 것이기 때문에 책의 첫 인상을 결정한다. 프롤로그는 제대로 된 책의 첫 부분이다. 문장력을 알 수 있는 첫 부분이며, 책 내용의 방향, 콘셉트와 스타일, 작가의 사상과 철학을 알 수 있는 부분이다.

독자를 유혹하기 위해서 기적, 새로운, 혁명적인, 주목할 만한 등의 단어를 사용하는 것이 좋다.

질문으로 시작하라.

결론부터 써라.

Kiss 기법을 활용하라(Keep it simple, stupid!).

멍청이도 이해하게 쉽게 쓰라.

프롤로그는 처음으로 독자와 만나는 공간이므로 첫 만남의 언어는 쉽고 간결해야 한다. 그래야 독자의 선택을 받을 수 있다. 책의 전체 내용을 '한 문장으로 요약'하여 써야 한다.

여섯 번째 단계는 한 꼭지 쓰기이다. 한 꼭지 쓰기는 본격적인 책짓기의 시작이다. 가장 중요한 한 꼭지 쓰기를 통해서 전체 내용의 방향을 잡는다. 한 꼭지 쓰기는 책 전체 쓰기와 같다. 독자는 책을 구입하기 전에 대개 한 꼭지를 읽어 보고 구입을 결정한다. 한 꼭지 쓰기 샘플 원고는 초고를 끝마칠 때까지 내비게이션 역할을 하며 원고에 대한 감을 익힐 수 있게 이끌어 준다.

1. 한 꼭지 분량인 A4 2~4장으로 원고 분량이 적당한가?

2. 서론, 본론, 결론의 흐름이 일맥상통하고 명확한가?

3. 꼭지의 제목인 주제와 원고 내용이 일치하는가?

4. 적절한 사례로 말하고자 하는 바를 뒷받침했는가?

5. 내용이 흥미로워 읽는 독자의 호기심을 자극하는가?

6. 문맥 흐름이 매끄러워 막힘없이 술술 읽히는가?

7. 정확한 출처, 맞춤법과 오타를 마지막까지 확인했는가?

8. 글이 긍정적이고 생산적인 메시지로 마무리되었는가?

9. 구어체가 있지는 않은가?

10. 계속 반복되는 어휘가 있지는 않은가?

이렇게 한 꼭지 쓰기 샘플에 따라서 써 나가다 보면 어느덧 1부의 분량을 쓰게 된다. 한 부씩, 한 부씩 써 나가면 한 권의 책이 완성된다. 그러면 내 인생도 어느새 한 분야의 전문가로 브랜딩된다는 점을 잊지 말아야 한다. 오늘 쓴 한 문장이 내일의 인생을 희망으로 만들어 가게 된다.

완공하고 입주하기

일곱 번째 단계는 한 꼭지 쓰기 수정 및 초고 완성이다. 한 꼭지 완성을 위해서 혼신의 정성을 다해야 한다. 한 꼭지는 보통 A4 2-3쪽이 적당하다. 한 꼭지는 3분 방송 대본 분량이고, 노래 한 곡 가사의 분량이다. 한 꼭지 쓰기를 통해서 책짓기를 시작했으면, 초고를 빠른 시간 안에 완성하여 책짓기를 완공해야 한다.

2개월 안에 초고를 완성하기 위한 10가지 지혜

1. 초고 완성 날짜를 선언한다.

2. 초고가 완성되면 수고한 자신에게 선물로 보상하라.

3. 초고 완성은 집필을 시작하고 2개월을 넘겨서는 안 된다.

4. 열정이 식기 전에 추진력과 집중력을 가지고 초고를 완성해야 한다.

5. 다이어리에 초고 완성 날짜를 표시하고 한 꼭지 쓰기 세부 계획을 잡는다.

6. 모든 초고는 초안이므로 수정과 탈고를 전제로 빠르게 완성해야 한다.

7. 어깨에 힘을 빼고 원고를 채운다는 심정으로 초고를 시작

하고 완성해야 한다.

8. 우선 한 줄을 쓰기 시작하면서 책쓰기에 탄력이 붙어야 한다.

9. 책 한 권의 초고는 폰트 11, 자간 160, A4 120페이지 정도의 분량이 적당하다.

10. 초고를 쓰는 동안은 모든 우선순위를 초고 쓰는 일에 두어야 한다.

초고가 끝나면 다섯 번 정도 탈고하며 원고를 다듬어야 한다. 탈고는 초고 원고를 수정하고 보완하는 작업이다. 탈고에 공을 들일수록 원고의 완성도는 높아진다. 탈고를 마치면 출간계획서를 첨부해서 출판사에 투고해야 한다. 초고를 완성하고 일주일에서 열흘 정도는 쉬면서 본격 탈고를 준비한다. 정확한 출처, 문맥 흐름, 사례, 맞춤법, 어휘 등을 꼼꼼히 점검하며 탈고한다. 탈고 1단계는 전체적으로 쭉 읽어 나가면서 '술술 읽히는 글'로 만든다. 탈고 2단계는 각 꼭지의 맞춤법, 내용, 문맥 등을 세밀하게 살펴보아야 한다. 탈고 3단계는 각 꼭지의 적절성을 살펴보고 업그레이드해야 한다. 탈고 4단계는 출처, 분량, 오타 등 전체적으로 체크하면서 완성하는 단계이다. 탈고 5단계는 출간계획서와 출판사에 투고할 내용의 글을 쓰는 것이다.

여덟 번째 단계는 에필로그 쓰기, 출간계획서 쓰기, 마케팅 계획이다. 에필로그는 책을 쓰면서 독자들에게 당부하는 마지막 한 줄 메시지와 같다. 출간계획서는 출판사가 기쁨으로 출간을 결정할 수 있는 좋은 원고와 함께 기획되어야 한다. 마케팅 계획은 책 출간과 함께 신문, 방송, SNS, 저자 강연회를 통하여 한다.

에필로그를 쓰는 5가지 원칙과 목적

1. 에필로그는 원고를 마치고 쓰는 감사의 글이다.

2. 에필로그에도 멋진 제목을 달아 주자.

3. 에필로그의 분량은 A4 2-3페이지로 길지 않게 쓴다.

4. 에필로그의 마지막은 영화의 엔딩처럼 여운과 감동을 주는 문장을 남겨라.

5. 책을 쓰는 데 도움을 주신 분들과 출판사 등에 구체적인 감사를 표하라.

출간계획서를 쓰는 목적

1. 출간계획서는 원고의 출간 결정을 위해서 출판사 제출용

으로 쓰는 것이다.

2. 원고의 특성을 출판사가 잘 알아볼 수 있도록 쓴다.

3. 과장이나 허위로 쓰지 말고 정확한 사실에 근거해서 정직
하게 써야 한다.

출간계획서의 내용

제목, 저자 이름, 연락처, 이메일, 저자의 기획 의도, 핵심 독자
층에 대한 분석, 책의 핵심 주제, 책의 고유 경쟁력, 책의 핵심 가치,
홍보 마케팅 계획, 출간 희망 시기, 책의 목차와 한 꼭지 샘플을 첨
부한다.

마케팅 계획은 책을 알리는 일이다. 저자는 입소문과 함께 온
라인 마케팅을 잘 해야 한다. 저자는 책의 홍보를 위해서 블로그
(Blog)를 운영하면 좋다. 저자는 SNS, 방송 등을 적극 활용해서 홍보
해야 한다. 저자 강연회를 통해서 저서 구매를 늘려 가야 한다. 저자
강연 후에는 후기를 올려서 입소문 효과를 내면 좋다. 결국 베스트
셀러는 저자와 출판사의 노력으로 만들어진다.

한 권의 책을 짓는 것은
인생을 건축하는 최고의 방법

한 권의 책을 짓는 것은 하나의 집을 짓는 것과 같기에 '집이 갖추어야 할 풍경'을 생각해 보면서, 책이 지어진 후에 누리게 될 행복한 풍경을 생각해 보게 된다. 나카무라 요시후미가 말하는 집이 갖추어야 할 풍경은 다음과 같다.

풍경과 자연이 자연스럽게 어울리는 집

편안하게 머물 수 있는 안락한 공간

재미와 여유가 있는 집

아이들의 꿈이 커 가는 집

적당한 격식과 효과적인 장식이 있는 집

오래도록 함께할 수 있는 집

빛이 잘 들어오는 따뜻한 집

건축가 나카무라 요시후미의 바람처럼 이 책이 책을 짓고 인생을 멋지게 브랜딩하고자 하는 사람에게 편안하게 읽으면서 자신의 미래를 써 나갈 수 있는 설계도가 되었으면 좋겠다. 오래도록 많은 사람의 인생을 책으로 건축해 나가는 데 지침이 되는 책이었으면 좋겠다. 상업적인 책쓰기가 아닌, 내가 행복하게 살아갈 집을 짓는 건축가의 장인정신처럼, 한 권의 책을 지으면서 희망의 미래를 그리는 사람들에게 인생 희망 설계도가 되었으면 좋겠다.

2018년 봄, CBS 방송아카데미에서 강의했던 책 만들기 8주 과정은 『책짓기 건축술』이라는 결과물로 세상에 나오게 되었다. 앞으로 "책짓기 건축술"로 더 많은 작가를 양성하고자 한다. 상업적이 아닌, 진정한 내가 살고자 하는 집을 짓는 장인정신과 애정으로 한 사람, 한 사람의 인생을 책으로 브랜딩해 나가고자 한다. 그것은 '한 권의 책을 쓰는 일은 내 인생을 브랜딩하는 최고의 방법'이기 때문이다.

2
만남의
은총

_김재민

의정부시민교회를 섬기고 있는 위임 목사이다.

숭실대학교에서 경영학(B.B.A.)을 공부하고 상문고등학교와 숭실고등학교에서 10년 동안 학생들을 가르쳤다. 새문안교회에서 고등부 교사로 봉사하는 가운데 하나님의 부름을 받고 장로회신학대학교 신학대학원에서 공부했다(M. Div.). 새문안교회에서 교육전도사, 상도교회에서 전임 전도사와 부목사로 사역했다.

장로회신학대학교와 멕코믹신학교가 공동으로 하는 박사과정을 이수하면서 셀 목회를 만나게 되었고 "구역장 훈련을 통한 교회 활성화", 부제로 "G-12 모델을 통한 구역 활성화"로 목회학 박사학위(D. min.)를 받았다. 나와 그리고 함께 하는 모든 이들이 "하나님의 아들을 믿는 것과 아는 일에 하나가 되어 온전한 사람을 이루어 그리스도의 장성한 분량이 충만한 데까지 이르도록(엡 4:13)" 힘쓰며 특별히 다음 세대를 바로 세우기 위한 목회를 지향해 왔다. 은퇴 후에도 하나님의 일꾼으로 쓰임 받을 수 있도록 새로운 만남으로 이끄실 하나님의 인도하심을 기대하며 기도 가운데 준비하고 있다.

kjaemin7@hanmail.net

마르틴 부버는 『나와 너』에서 "온갖 참된 삶은 만남이다."라고 했다. 참으로 공감되는 말이다. 지난 인생 여정을 돌아보면 무수한 만남은 결코 우연이 아니라 필연이었음을 고백하지 않을 수 없다.

은총(恩寵)이란 하나님의 선물을 뜻한다. 엄밀히 말하면, 예수 그리스도를 통해서 수여되는 하나님의 특별한 선물을 가리킨다. 곧 하나님으로부터 받는 사랑의 돌봄을 말한다. 내 인생의 키워드는 바로 '만남 가운데 경험한 하나님의 사랑과 은혜'였다. 그러므로 '만남의 은총'이란 내 삶에 흐르는 하나님의 놀라운 사랑의 표현이다.

나는 올해 칠순이다. 지난 70년을 돌아보면, 우리나라가 가장 밑바닥에 있을 때부터 온 세계가 깜짝 놀라는 소위 한강의 기적을 이루어 온 시기를 체험하며 살아왔다. 1945년 해방 당시 45달러에 불과했던 국민 소득이 2만 달러를 넘어 3만 달러에 가까워지고 있다. 이러한 경제적인 성장은 우리 생활의 가장 밑바닥에서부터 많은 변화를 가져왔고 하나님께서 주시는 복을 누리게 되었다.

먹을 것이 부족하던 어린 시절에는 아카시아 새순을 꺾어 먹고 아카시아 꽃, 진달래꽃을 따 먹고, 들로 산으로 먹을 것을 찾아다녔다. 먹을 물을 길어 오기 위해 멀리 있는 우물에 갔다. 물지게를 지고 물이 출렁거리지 않도록 신경 쓰면서 지고 왔다. 목욕을 자주하지 못해 무릎에는 덕지덕지 검은 때가 끼었다. 겨울이면 이를 잡느라 양 엄지손톱이 새빨개졌고, 해가 되는 줄도 모르고 DDT를 옷과 머리에 뿌리고, 참빗으로 머리를 빗었다. 아궁이에 불을 지피기 위해 솔가지를 넣고 가시가 있는 아카시아 나뭇가지를 두터운 장갑을 끼고 군불을 때서 물을 끓여 세수하고, 걸레를 빨았다. 어머니가 빨래를 위해 개울을 오가시던 일 등, 요즈음 젊은이들은 상상할 수도 없는 일이다. 결혼해서도 석유곤로를 사용하다가 나중에 가스레인지를 사용하며 얼마나 좋았는지 모른다.

정치적으로는 남과 북의 사상적인 대립으로 동족상잔의 비극을 겪었다. 내가 첫 돌이 되기 전에 6·25가 발발했다. 기억에는 없지만 피난 생활 중에 전염된 천연두는 얼굴에 또렷한 흉터를 남겼다. 어린 시절 학급 반장을 지내는 등, 또래들에게 무시당하지 않는 위치에 있어서인지 놀림을 받은 기억은 없지만, 늘 나는 살짝 곰보라는 열등감을 가졌다. 초등학교 5학년 봄에 있었던 4·19 혁명 때 고등학교 형들이 머리에 수건을 두르고 어깨동무를 하고 구호를 외치며 학교 교문을 나서는 모습을 관사에서 바라보던 일은 확실히 기억난다.

유신 체제 하에서 대학 공부를 하며 잦은 휴강에 마음 아파하고, 교사로 10년 근무할 때도 10·26 사태, 12·12 사태, 5·18 민주화 운동을 겪으며 억압된 분위기에서 말 한마디를 조심하며 학생들을 가르쳤다. 민주화 운동이 한창이었던 1980년대 하반기에 신학대학원에서 공부하며 목회 준비를 했다. 그런데도 30여 년 동안 진보와 보수의 싸움은 계속되고 있다. 지난 4월 27일, 남북 정상들의 만남으로 남과 북이 평화의 길로 나가는 새로운 역사의 분기점이 마련되었다.

이러한 변화 속에서 나도 수없이 많은 만남을 경험하며 살아왔다. 오늘의 내가 있기까지 중요하게 생각되는 만남을 돌아보고자 한다. 그 첫 번째는 무엇보다 믿음의 가정을 만난 것이다.

가정을 통한 만남의 은총

우리 가정은 할머니께서 복음을 처음 받아들이셨다(1932년 조부모님 댁에서 오늘의 전의성결교회가 시작되었다.). 2012년 전의성결교회 창립 80주년 행사가 있었다. 할머니께서는 새신자를 전도하면 허리춤에 전도한 분의 몫으로 드릴 성미를 모으시느라 주머니를 몇 개씩 차고 계셨다는 것을 어머니를 통해 전해 들었다.

　부모님은 우리 나이로 23세, 19세에 중매로 1946년 결혼하셨다. 당시는 이 나이도 결혼이 늦은 나이였다. 부친께서는 전의에서 초등학교를 졸업하신 후 보성중학교(오늘의 보성고)를 졸업하셨다. 그 후에 수원고등농림학교(현 서울농대)에 진학하셨다. 1944년 2학년 가을, 학도병 징병 제1기로 징집되어 만주에 가셨다. 그곳에서 해방을 맞아 광복군으로 흡수되어 1946년 4월에 귀국하시고 수원에 있는 국립수원농업시업장에 취직하셨다. 그리고 그해 10월, 어머니와 결혼하셨다.

　어머니는 성환에서 출생하셨고 서울에서 공부하셨다. 미동초등학교를 졸업하셨다. 경기여고에 진학하시길 원하셨는데 장티푸스를 앓게 되어 1차 시험을 보지 못하고 2차로 향상실업여학교(오늘의 동명여고)에 들어가셨고, 수석으로 졸업하셨다. 외조부께서 일찍 돌아가심으로 졸업 후에는 식산은행(현 산업은행)과 금융조합(현 농협)에서 근무하시다가 아버지와 1946년 결혼하여 수원에서 가정을 이루셨다.

　1947년, 형이 출생했다. 그런데 몇 달 후 갑자기 할아버지께서 마차를 끌고 수원에 오셔서 모든 짐을 싸서 고향 전의로 내려가게 되었다. 가족들의 의견이 우리 부모님이 조부모님을 모셔야 한다는 의견 때문이었단다. 아버지는 천안에 있는 농업중학교(후에 농업고등학교) 교사가 되셨다. 어머니는 불교 가정에서 자라셨다. 전의에 내려와 기독교를 접하게 되셨다. 만약 수원에서 사셨더라면 기독교를 접할 기회가 없었을지도 모른다. 아버지는 전의에서 천안으로 출퇴근이 불편해서 할아버지께서 분가를 허락하심으로 천안농고 관사로 이사하게 되었다. 그래서 나는 천안농고 관사에서 태어났다.

나는 초등학교 5학년 때 큰 변화를 맞았다. 부친께서 봄에 삽교중학교 교감으로 가셨는데, 가을에 충청남도 중등교육계의 장학사로 전출하셨다. 어머니는 짧은 기간 조부모님을 모시고 살았지만 분가한 후에도 신앙생활을 잘하셨고, 자연스럽게 우리 가정은 믿음의 가정이 되었다.

지난 3월초, 부친 9주기 추도식이 있었다. 3남 3녀인 6남매 부부 11명이 모두 참석했다. 막내 여동생은 어려서 경기(열성경련)를 많이 했다. 세밀한 검사를 하고 치료를 받았어야 하는데 경제적으로 넉넉지 않아 그런 기회를 갖지 못했다. 결국은 지적 장애자가 되어 부모님에게 평생 염려와 근심이 되었다. 부모님께서 돌아가신 후 지금은 우리 가정에서 복지관에 다니며 큰 탈 없이 지내고 있다.

부친께서 42년 교육 공무원으로 넉넉하지 못한 중에도 어머니와 최선을 다해 수고하심으로 장애가 있는 여동생 외에는 모두가 대학까지 공부할 수 있었다. 우리 부모님의 자녀 손들이 이제 11가정을 이루었고 가족 모두는 39명이다. 어머니께서 돌아가신지도 7년이 되었다. 그 후로 우리 6남매는 매월 한 번씩 만나 함께 식사하고 담화를 나누며 형제애를 돈독히 하고 있다. 그리고 매년 설 명절, 추석 명절 때는 온 가족이 함께 모여 예배드리고, 세배하고, 윷놀이도 한다. 어머니께서 돌아가신 후부터는 크리스마스 때도 각자의 출석 교회에서 성탄 예배를 드린 후 온 가족이 함께 모여 성탄절 찬양을 함께 부르고 즐거운 시간을 보낸다.

이러한 복은 우리 가정이 믿음의 가정이 되었기에 누릴 수 있는 것이라 확신한다. 가정의 모든 행사는 하나님께 예배하는 것이 중심이다. 나와 두 아들이 목회자가 된 것도 우리 가족을 믿음으로 지켜가는 데 많은 힘이 되고 있다. 나에게 믿음의 할머니와 신실하신 부모님들을 만나게 해 주신 것은 너무나 큰 만남의 은총이다.

주님 안에서 삶에 임한 만남의 은총

오늘의 나를 있게 한 큰 요인은 믿음의 환경에서 이탈하지 않고 살아온 것이라고 생각한다. 하나님께서 이러한 나에게 때마다 좋은 만남을 허락해 주셨다. 오늘의 나를 만드시기 위해 하나님께서 인도하신 여정은 때로 나에게는 아픔을 가져오기도 했다. 초등학교 5학년 때인 중요한 시기에 두 차례 학교를 옮긴 것은 나의 학습에 많은 지장을 초래했다. 아주 중요한 시기를 제대로 공부하지 못한 것이 중·고등학교의 생활과 대학을 진학하는 데까지도 영향을 미쳤다. 내가 대학 입학 때 모든 대학의 총 정원이 3만 명 정도였다. 내 또래에서 5% 정도만 대학에 진학할 수 있었다. 재수를 하며 고민하다 미션스쿨인 숭실대학교 경영학과에 진학하게 되었다. 경영학은 당시 가장 인기 있는 과에 속했다. 그런데 이제와 생각해 보면 여기에도 하나님의 뜻이 있었음을 알게 되었다. 내가 믿음의 사람이었지만 미션스쿨에 가지 않았다면 목회자의 길을 가게 되었을까?

대학 생활에서 제일 먼저 생각나는 것은 합창단 입단이다. 일주일에 두 번 채플시간에 찬양하기 위해 매일 점심시간에 모여 찬양 연습을 했다. 점심시간이 되면 걸음을 재촉하여 식사를 마치고 채플실에 가서 연습했다. 방학 때에는 10여 일씩 합숙하며 찬양 훈련을 받았다. 너무나 즐거운 일이었다. 찬양할 때 4부로 화음을 맞추어 조화를 이룰 때는 감동의 눈물을 흘리곤 했다. 합창단의 단원들은 대체로 신앙이 좋은 이들이었다. 가까운 선후배 중 합창단 출신으로 목회자가 된 이들이 십수 명이 넘는다. 믿음의 사람들이었기에 서로의 신앙생활에도 좋은 영향을 주고받을 수 있었다. 지금까지도 귀한 관계를 맺는 친구들이 있다.

대학 생활을 통해 얻은 소중한 또 하나의 만남은 동아리 활동이다. 대학 1학년을 마치고 2월초에 공군 입대를 앞두고, 1월 아주 추울 때 처음으로 봉사활동에 참여했다. 교회를 중심으로 겨울성경학교를 하고 축호 전도를 하는 봉사였다. 충북 앙성면에 있는 시골 교회였다. 버스가 닿지 않아 산길을 넘어 한참을 걸어가야 했고, 동네 앞에는 남한강이 흐르고 있는 곳이었다. 대원은 모두 5명이었고 3명은 선배였다. 5명 중 4명은 합창단 단원이었다. 그중의 한 사람은 교단 총회의 사무총장을 지낸 조성기 목사이다.

"나는 구원열차 올라타고서 하늘나라 가지요 뿡뿡"

율동하며 찬양하던 조성기 선배의 모습이 지금도 생각난다.

지난해 여름, 동기 목사가 자연 양계를 성공하면서 목회하는 교회를 방문했는 데 남한강을 끼고 길이 잘나 있었다. 돌아와서 예전 기록을 보는 중에 그 교회가 오래전 봉사활동을 갔던 베다니교회였음을 확인하고 얼마나 감회가 새로웠는지 모른다.

봉사활동의 피로가 가시기도 전인 2월 2일, 공군에 입대했다. 2개월 훈련 중 4주간은 중대장의 임무를 맡았다. 때론 중대장이라는 이유로 혼쭐나기도 했지만 잘 감당했다. 훈련을 마치던 날 구대장이 별도로 마련한 제과점 빵 맛은 참으로 잊지 못한다. 그 구대장은 전역 후 교사가 되셨다. 십수 년이 지나 부친이 교장으로 계셨던 학교에 재직하고 계셔서 다시 만날 수 있었다.

훈련을 마치고 자대에 배치될 때 한 친구가 함께했다. 감리교 신학교를 다니며 민주화 운동을 하다가 군에 온 동갑내기였다. 호탕하고 재주가 많았다. 전 공군웅변대회에 나가 입상도 한 아주 총명한 친구로 최종진이란 친구이다. 이 친구는 전역 후 신학을 마치고도 목회자가 되지 않고 시골에 내려가 농사를 지으며 기독농민회를 이끌어 농민운동가로 민주화 운동에 앞장서서 일했다. 민주화 운동으로 인해 투옥되기도 하고, 1991년 명지대학교 학생 강경대 군이 경찰 진압대의 집단 구타로 사망했을 때 강경대 열사 장례대책위원회 상황실장을 맡아 장례 절차를 지휘하기도 했다. 아깝게도 폐암으로 1996년에 하나님 나라에 가고 말았다. 너무 아까운 친구이다. 그의 아내가 남편의 삶을 기리며 책을 냈다. 제목은 『송아지 송아지 누렁 송아지』(1998, 세훈)이다. 우리가 부르는 "송아지 송아지 얼룩 송아지"를 농촌 어린이들에게 우리 소는 얼룩소가 아니라 누렁소라고 가사를 바꾸어 부르게 한 연유에서 비롯된 것 같다.

우리 부대 업무는 기본 군사훈련을 마친 후 병사들이나 하사관 그리고 장교들이 교육을 받는 데 필요한 교재를 발간하는 업무를 중심으로 목공반이 있어서 고장 난 책걸상을 수리하고, 도서관을 관리하는 부대였다. 행정병은 적고 기술을 가진 병사들이 많았다. 주로 인쇄 분야가 많았다. 부대에서 내가 맡은 일은 부대 내에서 제일 중요한 교재를 발간하는 업무를 관리하는 일이었다. 교재 발간에 필요한 원고를 작성하는 남녀 문관의 작업 관리도 내 소관이었다. 계급이 제일 낮을 때부터 부대 내에 중요한 일을 책임졌기에 한편으로 많은 귀여움을 받기도 했다. 그때 틈틈이 익힌 영문 타자와 한글 타자는 후에 타자기를 사용하고 컴퓨터를 접하는 데 많은 유익이 되었다. 1987년 신학대학원 재학 중에 컴퓨터를 사용하게 되었으니 돌아보면 힘든 군생활의 여러 만남도 모두가 하나님께서 계획하신 만남이었음을 알게 되었다.

우리 부대장은 북한에서 '야크기'를 타고 월남한 분으로 중령이었는데 나를 많이 사랑해 주셨다. 방과 후에는 자신의 아들딸의 공부를 가르치는 일도 하게 하셨다. 군복무 기간도 주일에는 꼭 군 교회에 나가고 일상생활 가운데도 믿음의 삶을 살도록 노력하였기에 귀히 여김을 받았다.

1973년 1월 31일, 36개월 군복무를 마치고 전역했다. 3월에 복학을 앞두고 아주 귀한 만남의 기회가 있었다. 서울 정동에 있는

만남의 은총 / 김재민

C.C.C. 본부에서 "사영리"를 중심으로 한 훈련이었다. 훈련기간 동안 기회만 있으면 "부름받아 나선 이 몸 어디든지 가오리다" 찬송을 불렀는데, 특히 식사를 기다리며 아직 완공되지 않은 건물 계단에 늘어서서 함께 부를 때 천국의 모습을 연상케 했다. 사영리를 암송하며 기독교의 기본 진리를 새롭게 인식하면서 예수님을 새롭게 만나는 경험을 했다.

대학 2학년 1학기를 마칠 때쯤 여러 생각을 했다. 이렇게 공부만 하는 것이 잘하고 있는 것인가? 무엇인가 채워지지 않는 것이 있었다. 마침 여름방학에 기독학생 동아리에서 실시하는 하계 봉사활동이 강원도 태백, 장성, 철암 지역에서 있었다. 몇 팀으로 나누어 봉사활동을 했다. 이 기회를 통하여 믿음의 선배를 만나게 되었고, 후에 "보람회"라고 하는 동아리를 조직하여 함께 활동하게 되었다. 이 동아리 지체들은 김용기 장로님께서 믿음의 삶을 보여 주신 가나안농군학교 교육을 통해 많은 영향을 받기도 했다. 나도 1974년 여름 열흘 동안 교육받았다. 그 교육은 아주 소중한 교육 중에 하나가 되었다. 기억에 남는 것은 커피 소비가 늘어남에 대해 염려하심을 보고 그때부터 지금까지 커피를 마시지 않는다. 결혼할 때 아내에게도 권하여 다녀오게도 하였다.

1974년 11월 19일은 잊을 수 없는 날이다. 당시 유신체제에 반대하는 민주화 운동으로 대학이 휴강하고 있는 상태였다. 나라 일도 걱정되었으나 대학교 3학년으로 진로에 대한 고민을 한참 할 때였다. 기업체에 들어가는 것도 고민하고, 목회에 대한 생각도 했다. 그런데 목회에 대한 하나님의 부르심이 없었다. 그래서 교수가 되어 학생들에게 복음을 전하는 일을 하기로 결심했고, 우선은 고등학교 교사가 되기로 했다. 교직과목을 이수하였기에 순위고사를 준비했다. 그리고 목회자가 되지 못하는 대신 결혼하여 아들을 낳게 되면 큰아들을 목회자로 세우기로 서원을 하며 이름을 지었다. 안동 김씨의 자녀 때 돌림자는 끝 자가 모을 회(會)이므로 가운데 자를 믿을 신(信)자로 '신회(信會)' 곧 '믿음을 모으는 자'로 정했다.

대학 생활을 마감하며 또 하나의 소중한 만남이 만들어졌다. 합창단에서 함께 활동한 나와 같은 과 유진규와 철학과의 홍현숙 그리고 홍현숙 친구인 엄호섭 이렇게 네 사람이 졸업식을 마치고 함께 만났다. 모임의 이름을 "네 기둥"이라 하고 한 달에 한 번씩 돌아가며 만나 우정을 나눌 것을 약속했다. 진규 친구는 기업체에 들어갔고, 현숙 친구는 총신대학교 신학대학원에 입학했고, 호섭 친구는 미 대사관에, 나는 교사로 사회에 진출했다. 모일 때마다 간단한 경건회를 가졌다. 그리고 늘 "사철에 봄바람 불어 있고" 찬양을 불렀다. 나와 현숙은 목회자가 되었고, 진규는 새문안교회의 장로, 호섭 친구는 광성교회의 장로가 되었다. 호섭 친구는 미 대사관 무역관 부관장직을 마다하고 전도자가 되어 지금은 전국으로 해외로 모유전도법을 전하는 귀한 하나님의 일꾼이 되었다.

대학을 졸업할 즈음 유진규의 도움으로 새문안교회로 믿음의 장을 옮기게 되었다. 성결교회에서 잔뼈가 굵은 신앙생활이었으나 대학교 생활 중에 숭실대학교의 역사를 접하며 기독교가 우리나라의 역사에 기여한 소중한 일을 알게 되었다. 기독학생회장으로 학생회 총회 종교부장을 겸하여 섬기기도 했다. 새문안교회에 출석하며 우리나라의 기독교 역사에 대해 좀 더 자세하게 접할 수 있었다. 그리고 서울지역 순위고사에서 1등(상업과)을 해서 제일 먼저 나를 청빙한 상문고등학교에 가서 2년 봉직했다. 그리고 미션스쿨인 숭실고등학교로 전출하여 다시 숭실의 터전에서 신앙의 삶을 성장시킬 수 있었다. 특히 새문안교회에서는 그동안 개인 중심의 신앙생활에서 기독인의 사회적인 책임을 점점 느끼게 되었고, 결국은 하나님의 부르심에 응답하여 신학을 공부하고 목회자가 되는 길에 들어서게 되었다. 숭실대학교와 새문안교회, 숭실고등학교와의 만남은 신앙생활을 성숙케 하는 장이었다.

숭실고등학교의 8년은 믿음 안에서 학생들을 가르칠 수 있는 은혜의 기간이었다. 믿음의 교사들, 조례와 종례시간에도 간단한 경건회를 하며 수업시간에도 신앙적인 가르침을 할 수 있었던 것은 참으로 보람 있는 삶이었다. 그러나 겨울방학이 되면 한 해 동안 담임했던 학생들과의 헤어짐이 너무나 아쉬웠다. 선배 교사 중에는 나에게 목사가 되어야 할 사람이 학교에 있다고 말하는 분도 있었다. 금식기도를 하며 진로를 고민했다. 교수가 되어 있는 모습보다 기도 중에 신학교에 있는 모습을 선명하게 볼 수 있었다.

학교에서의 학생들을 가르치는 일로 채워지지 않는 아쉬움 때문에 교회에서 학생들을 지도하는 일을 시작했다. 1년 동안 교사 교육을 받고 고등부 교사로 6년 동안 봉사하는 동안 학생들을 지도하며 귀한 믿음의 동역자를 만나게 되었다. 새문안교회의 역사에 아주 중요한 서상륜 선생과 서경조 목사님의 후예들인 서원석, 서경석 선배들, 새문안교회 100년사를 집필한 윤경로 선배는 후에 한성대학교 총장을 지냈다. 김용담, 손지열 선배는 후에 대법관을 지냈다. 그리고 기업인, 의사, 교수 등 여러 믿음의 형제들을 만남으로 신앙생활은 새로운 전기를 마련하게 되었다.

새문안교회는 강신명 목사님 때부터 청년들은 민주화 운동에 열심이었다. 1981년 강신명 목사의 후임으로 오신 김동익 목사님은 1998년 하나님의 부르심을 받을 때까지 우리 젊은 세대에 대한 관심을 가지시고 중요한 일이 있을 때는 함께 대화도 나누시며 우리

젊은 세대들을 아껴 주셨다. 이때 젊은 세대의 신앙은 어르신들에게
는 잘 이해되지 않았다. 그래서 우리들은 1988년 3월부터 "새마당(믿
음 마당, 열린 마당)"이라는 모임을 결성하고 한 달에 한 번씩 만나 사회 각
계각층의 지도자들을 초청하여 이야기를 듣고 함께 의견을 나누는
시간을 가짐으로 우리 세대가 사회를 바라보며 성숙한 신앙의 삶을
살고자 노력했다. 새마당의 활동 중에 특기할 만한 일은 "경실련",
곧 경제정의실천시민연합을 시작한 일이다.

이제 30년이 지났다. 새마당에 함께 했던 이들 중 20명 이상이
새문안교회에서 장로로 시무하고, 이제 은퇴한 이들도 있다. 권사
도 10여 명, 목사가 2명이 되었고, 함께 동참했던 목사들도 몇 명이
있다. 숭실대학교의 학창시절 그리고 새문안교회에서의 신앙생활은
하나님 앞에서 나를 발견하고 목회자로서의 삶을 보람 있게 살게 한
소중한 만남의 장이 되었다.

평생을 함께할 소중한 배우자와의 만남

어려서부터 이성에 대한 관심은 항상 있었다. 흔히들 이야기하
는 짝사랑의 대상은 연령에 따라 바뀌었지만 한 번도 용기 있게 마

음을 표현해 보지 못했다. 대학을 졸업할 때까지도 연애 한 번 제대로 하지 않았다. 연애보다 더 급한 것은 대학 졸업 후에 사회에서 해야 할 일을 위한 준비였다. 대학 때에 내게 호감을 보이는 이성도 있었지만 내가 관심을 두지 않았기에 데이트 한 번 해 보지 않았다. 혹 내 편에서 호감이 생기는 이성의 경우, 상대방이 또 관심이 없는 경우도 있었다.

교사 2년차가 된 해, 여름방학이었다. 교사들은 방학 때 예비군 훈련을 받게 되어 있었다. 예비군 훈련을 받을 때 동료 교사와 함께 점심 도시락을 먹다가 사모님의 친구를 소개 받게 되었다. 영월에서 음악 교사로 봉직하고 있다고 했다. 내 편에서는 망설임 없이 응했으나 상대편에서는 망설임 가운데 만남이 약속되었다. 첫 만남은 1977년 7월 27일이다. 공교롭게도 내 생일이었다. 반포에 있는 가고파다방에서 첫 만남을 가졌다. 두어 시간 이야기를 나누고는 내가 할 일이 있다고 먼저 자리를 떠났다. 남자로서의 에티켓도 지킬 줄 몰랐다. 그러나 첫 만남에서 내 마음은 결정이 되었다.

지금도 아내는 많은 사람에게 예쁜 얼굴이라고 이야기를 듣는다. 나도 상당히 예쁜 얼굴이라고 말한다. 그러나 첫 만남에서는 외모가 중요하게 여겨지지 않았다. 긴 머리에 화장도 하지 않은 순수한 모습, 신앙생활도 잘하고 있었고, 대화를 나누는 중에 내 마음에

이 정도면 되었다는 확신을 얻었다. 다시 만날 약속도 하지 않고 헤어졌다. 소개해 준 사모님을 통해 상대의 부모님이 계신 김천 집 주소를 대충 알아 두었다. 그 당시는 전화도 집에 없을 때이다. 시외전화를 하려면 전화국을 가야 하는 시대였다. 헤어진 후 연락할 길이 없었다.

그해 10월 1일부터 3일까지가 연휴였다. 배낭에 필요한 짐을 정리하여 짊어지고 여행복 차림으로 대전에 내려가 먼저 부모님께 자초지종을 말씀드리고 김천으로 향했다. 장차 장인이 되실 분이 당시 그 지역의 "통일주체국민회의" 대의원이셨기 때문에 면사무소에 가서 알아보니 내가 알고 간 장인의 존함이 앞뒤가 바뀐 것을 알게 되었고 주소도 확인하게 되었다. 주소를 물어 찾아가니 마당에서 가족들이 한창 일을 하고 있었다. 장인되실 어른에게 인사하고 앞으로 따님과 사귀어 결혼하려고 한다고 말씀드렸다.

당돌한 행동이었음에도 이야기를 잘 경청해 주시고 나와 가정에 대해서 질문하시며 대화를 나누었다. 처갓집에서는 당돌한 나를 부담스럽지 않게 대해 주셨다. 그리고 가면서 먹으라고 배낭에 사과도 넣어 주셨다. 후에 아내에게 이야기를 들어보니 집까지 찾아올 정도면 서로의 관계가 많이 진척된 것일 텐데, 그렇지 않다면 어떻게 집에까지 올 수 있느냐고 꾸중을 들었단다. 내가 만약 이러한 상황에 닥친다면 어떻게 했을까? 당돌한 청년을 이해해 주신 장인어른이 고맙게 생각된다.

영월에서 아내가 하숙하는 집 주소도 알 수 없었다. 그래서 학교 주소를 확인하여 편지를 보냈다. 아무 소식이 없었다. 한참을 지난 후 그동안 보냈던 편지가 개봉도 되지 않은 채 반송되어 왔다. 두어 차례 그랬다. 그럼에도 계속 편지를 보냈다.—당시 아내의 학교에서도 편지가 오는데 읽지도 않고 책상에 쌓아 두었기 때문에 동료 교사들이 심상치 않은 눈으로 바라보았다고 한다. 한편 아내에게 이렇게 편지가 오는 것을 알고는 교감선생님은 그곳에 있는 선생님을 소개시켜 주겠다는 제안을 여러 차례 받았다고 한다.—한참이 지난 후 편지는 더 이상 되돌아오지 않았다. 그래서 다양한 방법으로 만나기를 시도했다.

당시 처가의 작은 댁과 고모 댁이 서울에 있기 때문에 아내는 토요일이 되면 서울에 올라올 때가 많았다. 그래서 시간을 대충 계산하여 고속터미널에 가서 기다렸다가 마주치면 아내는 기겁했다. 대화 가운데 들었던 것을 짐작으로 출석하는 교회가 어디인지를 알아보고 주일날 예배시간에 교회로 찾아가 예배가 끝난 후 만나기도 했다. 얼마나 놀랐으면 몇 달 동안 교회를 나가지도 않았단다. 그 당시 나는 사당동에 있는 결혼한 형님 댁에서 생활하고 있었다. 시외

전화를 하려면 신세계백화점 앞 쪽에 있는 전화국까지 가서 시외전화를 신청하여 가까스로 통화하기도 했다. 약속한 시간에서 몇 시간쯤 기다리다가 만나지 못하고 돌아오기도 했다. 때로는 고모 댁 문앞에서 기다려도 만나 주지 않아 통금시간이 되기도 했다. 그러면고모 댁에 들어가 고모부와 이야기를 하고 통금이 해제된 후에 집으로 돌아오기도 했다.

요즈음 같으면 스토커로 고발당할 수도 있는 행동이었다. 어찌어찌하여 만나 이야기를 나누면 잘 듣고 이해하는 것 같은데 헤어지고 나면 함흥차사였다. 이렇게 노력하기를 11개월 정도가 지났을 때학교 교무실에서 전화받으라는 연락을 받았다. 지금의 아내가 한 전화였다. 깜작 놀랐다. 그동안 노력이 결실이라고 생각되었다. 아내는 결혼을 위해 나름 다른 노력을 했다. 나를 만난 후에도 몇 차례부모님 권유로 선을 보았지만 믿음의 사람이 한 사람도 없었단다.그때는 내가 목회에 대한 이야기를 한 적이 없는데 꿈속에서 내가목사 가운을 입고 성경책을 들고 많은 회중 앞에 서 있는 것을 보고기겁하여 깨기도 하였단다. 기도원에 가서 금식기도를 할 때 주변의사람들에게서 나와 결혼할 것을 권유받기도 하였단다. 결국 기도를통해 응답을 받고 내게 전화를 한 것이다.

처음 만난 후로 1년이 지나 11월 26일에 결혼했다. 상문고등학교에서 2년간 봉직하고 숭실고등학교로 전출한 해 늦가을이었다. 원래 첫 부임지는 미션스쿨로 결정하고 있었다. 그런데 나를 상문고등학교로 인도하신 것은 소중한 아내를 만나게 하기 위한 하나님의 인도하심이었음을 후에 깨닫게 되었다.

아내는 너무나 많은 장점을 가지고 있다. 먼저 신앙생활에 있어서는 매우 순수하고 기도를 열심히 한다. 그리고 초등학교 때 병환 중에 있는 엄마를 위해 기도하다가 방언을 받기도 했다. 어려서부터 부모를 떠나 객지생활을 해서 삶에 대한 지혜가 많은 편이다. 결혼하고도 꾸준히 새벽기도를 했다. 아이들이 어릴 때에도 아이를 업고라도 새벽기도를 쉬지 않았다. 우리가 나가는 교회는 새문안교회였지만 동네에 있는 교회의 목사님들도 잘 섬기며 교회에 필요한 것들도 많이 헌물했다. 낮에 피아노 교습을 하면서도 새벽기도를 꾸준히 했다. 피아노 교습을 할 때 일을 돕는 보조 교사와 함께 80여 명의 아이들을 가르치며 생활을 책임져 주었다. 내가 목회의 길을 가려고 고민하며 기도할 때도 잘 이해해 주고 동의해 주었다.

10년 교사직을 사직하고 신학대학원 3년 동안 공부할 때 그리고 전임전도사 2년, 부목사로 5년 동안 가정의 경제생활은 결코 넉넉치 않았음에도 조금도 불편함을 느끼지 않고 생활할 수 있도록 힘써 주었다. 내 지갑이 비지 않도록 챙겨 주었기에 학업 중에 교수님들이 소개하는 책은 그때그때 구입할 수 있었다. 이렇게 힘든 일을 감당해 주었는데 이제 와서 생각해 보니 고맙다고 표현해 본 적이 없어 미안함을 느낀다. 당시 동료 학생 중에는 점심식사를 할 수 없는 가난한 분들도 많이 있었다. 교회학교 교사들에게 이야기하여 여러 명의 용돈을 챙겨 주기도 했다.

아내는 가정 살림, 피아노 교습을 하는 일도 쉽지 않은데 밤이 되면 북한산에 산 기도를 하는 분들과 밤새 기도하고 아침에 돌아오곤 했다. 추운 겨울에는 비닐로 몸을 감싸 보호하며 남편의 앞으로의 목회를 위해 기도해 주었다.

무엇보다도 감사한 것은 두 아들을 목회자가 되도록 기도로 양육해 준 것이다. 내가 교사로 봉직할 때나 신학 공부하고 목회자로 훈련받는 동안 아이들에 대해 관심을 가질 수 있는 시간이 별로 없었다. 아내의 돌봄이 두 아들의 성장에 많은 힘이 되었다. 두 아들도 자라나면서 정말 부모 마음을 아프게 한 적이 거의 없다. 학업에나 신앙생활에 모범적으로 자라 주었다. 큰아들은 숭실대학교에서 경영학을 공부했다. 졸업할 때 경영학과 졸업생 190여 명 가운데 각 학과에서 1명씩 받는 우등상을 수상했다. 참으로 자랑스러웠다. 둘째 아들은 연세대학교에서 사회학을 전공했다. 둘째 아들은 내가 학창시절 함석헌 선생의 『뜻으로 본 한국 역사』를 의미 있게 읽고 마음에 새겨 두었던 뜻 지(志)를 담아 "큰 뜻을 모으는 자"가 되라고 이름을 지회(志會)로 지으며 목회하는 형을 잘 도와줄 것을 기대했는데 목회자가 되었다.

현재 큰아들은 상현교회 부목사로 사역하고 있다. 둘째 아들은 캐나다 해밀턴에 있는 맥마스터신학교(McMaster Divinity College)에서 신약학 박사과정을 이수하고 있다. 두 아들 모두 결혼하여 각각 1녀 1남의 자녀를 두고 있다.

우리 부부는 자타가 인정하는 잉꼬부부이다. 내가 어렸을 때 부모님이 다투는 모습을 보면서 절대로 부부싸움을 하지 않겠다는 결심을 잘 지켜가는 데는 아내가 남편을 세워 주고 참아 주었기 때문에 가능했다.

부모님께서 별세하신 후 지적장애인 셋째 여동생을 부모님을 대신하여 돌보는 일을 지혜롭게 잘 감당하고 있어 우리 형제자매들이 항상 고마워하고 있다. 참으로 내겐 귀하고 소중하고 고마운 아내이다. 아내 자랑, 아들 자랑은 팔불출이라 하나 나는 기꺼이 그러한 소리를 들을 수 있다. 이러한 소중하고 귀한 만남을 허락하신 하나님의 은혜는 너무나 감사하다.

만남의 은총 / 김재민

목회자로 성숙하도록 이끄신 만남의 은총

하나님의 영광을 위해 보다 보람 있는 삶을 살기 위해 만 37세가 되던 해에 장로회신학대학교 신학대학원에 입학했다. 3년간 신학대학원 교육을 마치고 부교역자로 7년을 상도교회에서 사역하고, 의정부시민교회의 위임 목사가 되어 오늘에 이르기까지 참으로 많은 사람들과 교육의 기회들을 만났다. 목회의 틀을 형성하고 내용을 튼튼하게 할 수 있는 은혜로운 만남을 어찌 다 소개할 수 있겠는가? 신학대학원 3년 동안을 공부할 수 있도록 지켜 주신 하나님 그리고 학부모 역할을 해 준 아내, 잘 협력해 준 가족들이 있어 가능했다. 신학 전반과 목회에 대한 가르침을 주신 여러 교수님들과의 만남에 감사를 드린다. 그리고 언제 만나도 격의 없이 임의롭게 대화할 수 있는 많은 동기 목사님들의 만남도 감사하다. 그중에도 나이가 든 연장자를 중심으로 만든 "실로암" 기도모임은 지금도 유지되어 목회와 삶을 나누고 있다.

무엇보다 하나님의 소명을 받을 수 있도록 믿음의 폭을 넓혀 주고 목회의 길을 결단할 수 있도록 직간접적으로 힘이 되어 준 새문안교회의 여러 성도들과 목회지를 찾는 내게 주저하지 않으시고 추천서를 써 주시며 격려해 주신 고 김동익 목사님과의 만남은 한없

책짓기 건축술

는 은총이었다. 40세가 넘은 늦은 신대원 졸업생을 전임으로 사역할 수 있도록 기회를 주신 상도교회와 김이봉 목사님 그리고 위임 목사로 사역할 수 있도록 오늘까지 함께 해 주신 의정부시민교회의 장로님들과 여러 성도들에게 감사를 드린다.

20여 년 동안 많은 성도를 하나님 나라로 보내는 장례식을 거행하며 인간적인 이별의 아픔 속에 늘 자신을 돌아보는 기회를 가졌다. 목회 초기에 주례했던 가정의 자녀들이 이제는 자라 대학생들이 되는 모습을 지켜본다. 특히 어떻게 살아가야 할지 고민하던 청년들이 학업을 마치고 취직하고, 결혼하여 새 생명을 선물로 받아 자라가는 모습을 보는 기쁨은 무엇과도 비교할 수 없는 기쁨이며 보람이다. 이러한 목회의 현장에 있으면서 때를 따라 배움의 기회를 만나게 해 주시고 교육받고 훈련받을 수 있도록 인도해 주신 하나님의 은혜를 감사하면서 중요한 만남의 기회들을 정리해 본다.

앞에서도 언급했지만 새문안교회에서 만난 믿음의 형제자매들과 함께했던 새마당은 나의 신앙생활의 폭을 아주 넓게 열게 해 준 장이었다. 새마당의 임원들은 회장은 큰머슴, 총무는 길머슴, 회계는 셈머슴, 서기는 글머슴 그리고 매번 모임을 준비하고 정리하는 일을 하던 이에겐 늘머슴이라 호칭토록 했다. 한 달에 한 번 모임을 가지고 신앙만이 아니라 우리 사회의 각계각층의 지도자들을 초청하여 이야기를 듣고 함께 토론하는 모임을 가졌다. 모임 100회가 되었을 때는 회원들의 글을 모아 조그만 책자도 발행하고 온 가족들이 모여 잔치를 벌이기도 했다. 20여 년 동안 모임을 가졌다. 나이가 들면서 회원들의 사회생활이 더 분주해져 모임을 지속할 수 없어 모임을 마감했다. 이 모임을 통해 만들어진 단체가 경실련(경제정의실천시민연합)으로 진보와 보수가 대립되어 있는 우리 사회에 시민운동의 중도의 길을 열어 우리 사회의 변화에 많은 것을 가져오는 계기를 만들었다. 모두가 이제 70대 전후이다. 우리의 삶이 다할 때까지 다시 새 마당이 열렸으면 하는 소망을 가져 본다.

목회에서 가장 중요한 것은 복음을 접한 이들에게 하나님을 인격적으로 만나도록 이끌 수 있는 양육체계를 체계화하는 것이라 생각한다. 이를 위해 온누리교회의 하용조 목사님이 심혈을 기울이고 있었던 "일대일 제자양육" 과정을 만난 것과 평신도를 깨우기 위해 제자훈련의 선구자였던 옥한흠 목사의 엄격한 제자훈련 과정을 통해 성도의 제자화에 심혈을 기울이는 모습은 많은 도전이 되었다. 그리고 하나님의 사랑을 듬뿍 경험할 수 있었던 사랑의 동산(Tres Dias, TD) 교육은 너무나 귀한 것이었다. 그리고 가장 중요한 소중한 만남은 장로회신학교와 맥코믹신학교의 공동목회학 박사과정을 공부하는 중에 만난 G-12(The Government of 12, Groups of Twelve)이다.

2002년 월드컵 열기로 온 나라가 들썩일 때 노회에서 세미나 모임이 있었다. 이때 한 강좌를 인도네시아에서 선교사로 수고하고 있는 임종혁 선교사께서 담당해 주셨다. G-12를 처음으로 소개 받았다. 인도네시아의 오바자 탄도 스티아완 목사의 『세계 교회는 G-12로 간다』는 책을 번역한 임종혁 선교사가 G-12 사역을 소개 했다. 강의 내용은 기존의 목회를 뒤엎는 듯하여 당혹감을 가졌으나 신선하여 관심을 갖게 되었다 이 세미나 후에 G-12에 관심을 가진 최기학 목사를 비롯한 10여 명이 임종혁 선교사와 함께 3박 4일 동안 집중하여 G-12에 대하여 배울 수 있는 기회가 있었다.

이 일 후에 카자흐스탄에서 선교사로 성공적인 사역을 하고 있는 김삼성 선교사의 세미나를 몇 차례 접하면서 박사과정의 논문을 G-12 를 목회에 접목하는 것으로 정하게 되었다. 목회학 박사과정을 다 마치 도록 G-12를 시작한 콜롬비아의 세자르 카스텔라노스 목사를 직접 만나 보지 못하고 그동안 세미나에서 배운 내용과 G-12에 관련된 책을 중심으로 목회에 적용하고 논문을 작성하고 박사과정을 마쳤다.

목회학 박사 과정을 2004년 5월에 마쳤다. 그해 10월에 명성교 회에서 세자르 카스텔라노스 목사를 초청한 G-12 국제 컨퍼런스가 있었다. 정말 많은 목회자들과 성도들이 참석했다. 나와 아내만이 아니라 교인들에게 알려 25여 명과 함께 참석하여 은혜를 받았다.

마침 함께 박사과정을 공부한 안산시흥교회(현 하늘빛내리는교회) 권병학 목사 사모를 만나게 되었다. 목사님은 일이 있어 참석하지 못했는데 사모님을 통해 김삼성 선교사를 중심으로 G-12 사역을 하고 있는 모임이 있음을 알게 되었다.

컨퍼런스를 마치고 안산시흥교회에서 열리는 G-12 클리닉에 참석하게 되었다. 그리고 계속해서 G-12 컨퍼런스, 세미나 그리고 인카운터 수련회를 경험하게 되었다. 그동안도 나름대로 주님을 만나는 기회가 많이 있었지만 강력한 성령님의 역사를 체험하기는 처음이었다. 내게 임하신 성령님은 은혜의 성령님이셨다. 한없이 눈물을 흘렸다. 그동안 살아왔던 삶 가운데 베풀어 주시고 인도해 주신 하나님의 은혜가 너무나 귀하고 놀라워 흘리는 감사의 눈물 이었다. 지금까지 믿음 안에서 살아왔고 목회를 하고 있었지만 이 렇게 강력한 성령님을 인격적으로 만나기는 처음이었다. 두 번째 참석한 인카운터 때는 더욱 강력한 성령님의 역사를 경험하며 방언을 하게 되었다.

2005년 1월에는 알파컨퍼런스에 참석하여 알파를 G-12에 접목할 수 있게 되었다. 2005년 1년은 월요일마다 G-12를 배울 수 있는 기회가 있어 아내와 함께 열심히 참석하며 새로운 비전을 보게 되었다. 목회에 적용하기 위해 아내와 함께 결석하지 않고 열심히 참석하며 노력했다. 2005년은 교인 중에 한 분도 별세하지 않은 유일한 해이다. 하나님께서 훈련에 지장을 받지 않도록 특별한 은혜로 함께하셨다.

우리 부부는 청년 5명과 함께 2005년 여름에 카자흐스탄 알마티에서 열린 실크로드 페스티발에 참석했다. 몇몇 청년들은 2차, 3차 페스티발에 참석하여 교회 청년들이 활성화되는 일에 기여했다. 당시 김삼성 선교사는 G-12 사역을 통해 강력한 복음 전파의 사역을 감당하고 있었다. 각국에서 모인 5,000여 명이 시간시간 은혜를 받으며 하나님께서 역사하시는 현장을 목격할 수 있었다. 그리고 우리 부부는 2010년 1월 19일부터 2월 3일까지 G-12 네트워크 목사와 사모 등 26명과 함께 콜롬비아 보고타 세자르 카스테라노스 목사가 사역하고 있는 ICM(International Charismatic Mission) 교회에서 개최된 페스티발에 참여하여 많은 은혜를 받았다. G-12사역을 통해 많은 청년들이 하나님을 만나 새롭게 거듭나는 경험을 했다.

G-12를 경험하고 훈련된 교회 청년들과 함께 2010년 2월에는 중국 장춘으로 단기선교를 나가 알파코스를 통해 여러 지역에서 온 교회 지도자들을 섬겨 주었다. 2011년 여름에는 블라디보스토크 장로회신학교에서 신학생들과 목회자들과 함께 알파코스로 은혜를 나누었다. 그리고 2011년과 2012년에는 필리핀 마닐라에서 G-12 사

역으로 청년 사역을 하고 있는 제자교회의 오리엘 목사를 통해 훈련받는 기회도 가졌다. 2015년 여름에는 몽골에 가서 최갑열 선교사가 섬기는 교회의 교인들 중 40여 명의 청년들과 교인들에게 인카운터 수련회를 통해 은혜를 나누는 경험을 했다.

올해 6월 24-29일에는 교회 성도들과 청년 21명이 오경희 선교사가 수고하고 있는 캄보디아 현지 교회를 섬기고 돌아왔다.

나의 목회에 있어 특별한 만남은 탈북 동포들에게 복음을 전하는 기회를 가진 것이다. 북한이 식량난으로 고통을 겪고 있을 때 단동에서 이를 돕고 있는 외국 시민권을 가지고 사역하는 한 분을 후원하기 위해 1998년 노회 목사님과 장로님 10여 분이 중국 단동지역을 방문한 일이 계기가 되었다. 그 후 노회 남북한선교통일위원를 중심으로 만주, 연길 곳곳에서 탈북한 동포들을 만나 다섯 차례에 걸쳐 7-8명씩 2박 3일 동안 함께 숙식하면서 성경공부를 하며 그들의 믿음생활에 도움을 주었다. 이 중 한 가정은 우리 교회에 와서 정착하여 네 식구가 신앙생활을 잘하고 있고, 얼마 전에는 아파트를 구입하게 되어 함께 기뻐했다.

노회 해외 선교부를 통해 인도네시아, 말레이시아, 몽골, 블라디보스토크 등에 목회자 컨퍼런스를 개최하고 신학생들과 목회자들을 돕는 일에 동참했다. 이러한 모든 만남을 통해 복음을 땅 끝까지 전하라고 명령하신 주님의 말씀에 조금이라도 동참할 수 있어 감사하다.

신학교 때 학장님으로 계셨던 맹용길 교수님을 도와 2011년부터 2014년 11월까지 캄보디아신학교(American University and Seminary Cambodia Campus) 신학대학원 과정에 참여하여 다섯 차례에 걸쳐 기독교 교육을 강의하는 기회가 있었다. 이 신학교는 캄보디아에 평신도 선교사로 수고하는 10여 명에게 선교사로서의 자격에 도움을 주고자 일시적으로 개설한 학교였다. 평신도로 또는 목사가 되기 전에 하나님의 부름을 받고 수고하는 선교사들을 대하면서 도전도 받았다. 열악한 형편을 마다하지 않고 하나님의 부름에 응답하여 선교를 하는 이들과의 만남은 목회자인 나 자신을 돌아보게 되고 각오를 새롭게 하게 만들었다.

인생 여정 70년을 돌아보면 시편 37편 23-24절의 말씀이 생각난다.

> 여호와께서 사람의 걸음을 정하시고 그의 길을 기뻐하시나니 그는 넘어지나 아주 엎드러지지 아니함은 여호와께서 그의 손으로 붙드심이로다.

분명 나의 길은 하나님의 계획 안에 살아온 여정이다. 그 여정에는 수많은 만남의 은총을 허락하여 주셨다. 내가 앞서 내 길을 가려고 할 때는 길이 막히고 넘어지나 하나님께서는 계획하신 길을 바로 보고 순종할 때는 하나님께서 앞서 가시며 순탄하게 인도해 주셨음을 고백하지 않을 수 없다.

인생 여정 가운데 그 어떠한 만남보다 소중한 만남은 하나님을 인격적으로 만나는 경험이다. 예수님을 만나고 예수님을 통해 성부 하나님 그리고 성령 하나님을 인격적으로 만날 때 내가 누구인지 정체성을 확인하게 되고 사명을 깨닫게 되었다. 믿음의 틀 안에 벗어나지 않고 성실하게 살 때 하나님은 때마다 만남의 은총으로 함께하셨다. 그리고 나의 길을 보여 주셨다. 그리고 해야 할 일을 맡겨 주셨다. 정말 복된 삶이었다. 보람 있는 삶이었다. 나에게 주어진 지경을 돌보기 위해 큰 욕심을 부리지 않고 성실하게 살려고 노력했다. 사도 바울의 고백처럼 "내가 내 몸을 쳐 복종하게 함은 내가 남에게 전파한 후에 자신이 도리어 버림을 당할까 두려워함이로다(고전 9:27)."는 말씀을 늘 생각하며 나 자신이 하나님 앞에 바로 서는 것이 가장 중요한 일임을 기억하며 살아왔다.

이제 은퇴 후의 30여 년의 삶이 기대된다. 하나님께서 또 어떤 만남의 은총을 허락해 주실지, 기도하며 하나님 말씀을 끊임없이 묵

책짓기 건축술

상하며 따라가면 하나님 나라에 넉넉히 들어갈 수 있는 복을 주실 것이다. 강건하게 멋지게 당당하게 사랑하는 아내와 함께 주님께서 예비하신 길을 따라 가리라. 그 마지막은 나를 기다리고 계시는 예수님이 계신 하나님 나라이다.

3

나의
영적 어머니

_박영순

김천여자고등학교를 졸업하고 한양대학교 음악대학 국악과 1회로 가야금을 전공했다. 대학 졸업 후 강원도 영월에 있는 석정여중고에서 음악교사로 잠시 근무하고 결혼했다. 늦게 신학을 공부하고 사역하는 남편을 내조하고, 23년째 의정부시민교회에서 위임 목회하고 있는 김재민 목사의 아내이다.

목회자 아내로 전공은 기도라고 마음에 새기고 또 새겼다. 2006년부터는 다음 세대인 청년들을 위해 제자 삼는 일에 금식하며 부르짖으며 총력을 기울여 남편의 사역을 돕고 있다.

그동안 하나님께서 친히 멘토가 되어 주셨고 하나님의 말로 키워 주셨다. 요셉과 같이 꿈으로 말씀해 주시고, 입술의 권세도 주시고, 지혜를 주셔서 30여 년이 지난 지금, 돌아보면 내게 보여 주셨던 꿈들이 많이 성취된 것을 알게 된다.

남은 생애도 다음 세대를 위해 전공인 기도와 전도를 끊이지 않아야겠다는 다짐을 새롭게 해 본다.

son533s@hanmail.net

삶을 인도하신 하나님

내 고향은 경상북도 금릉군 감천면으로, 낙동강 지류가 되는
물줄기가 휘도는 들과 산이 병풍처럼 둘러진 이야기 속에 나옴직한
아름다운 시골마을이다. 그곳에서 대대로 살아온 장손 집에서 장녀
로서 6.25전쟁의 포성이 멎을 무렵 태어났다. 당시 아버지는 김천시
청에 봉직하시면서 농사일도 같이 하시는 근면하신 분이셨다. 어머
니께서도 현모양처로서 할머니, 증조할머니를 모시고 농사일을 하
셨다. 집안 살림의 규모가 컸기에 함께 일하는 일꾼들도 있었고, 사
과, 포도, 복숭아, 자두 그리고 각종 채소 등 없는 것이 없이 풍요로
웠다.

나는 어릴 때 동네 어른들에게 많은 사랑을 받고 자랐다. 할머
니는 대구에서 시집오셨고 그 부모님은 장로, 권사이신 가정인데 시

댁은 철저한 불교 가정이라 교회를 나가실 수 없었다. 아버지는 농업고등학교를 졸업하시고 대학에 진학하지 못하셨지만, 아버지의 두 남동생은 대학에 진학하게 하고 도움을 주셨다. 큰 고모가 아기를 출산하다가 돌아가셨기에 고종 사촌 언니는 우리 집에서 자랐다. 그 사촌 언니가 나를 업어 키웠다. 그리고는 교회에 함께 나가는 것을 아버지가 허락하셨다.

성탄절과 여러 교회 행사 때마다 교회에선 나를 앞세워 주셨다. 성탄절 새벽송 때 할머니는 제일 좋은 사과, 배, 감 등을 내놓고 호롱불 밝히며 새벽송 대원들이 오기를 기다리셨다. 주일이 되면 할머니는 헌금을 할 수 있도록 풍성하게 헌금 봉투를 챙겨 주셨다.

초등학교 상급생이 되자 아버지는 나에게 떨어진 사과를 다 주어야 교회에 갈 수 있게 하셨다. 금요일부터 사과 줍기를 했다. 주일 새벽기도 종소리가 땡그랑 땡그랑 울리면 동네 친구들이 어두운 데도 사과밭으로 모여 나를 도와주었다. 그 일이 끝나면 좋은 사과를 가져갈 수 있을 만큼 따 가게 했다. 종종 일꾼 아저씨들은 새벽에 누군가 사과를 서리해 갔고 사과나무가 다 망가진다고 했지만 사과 줍는 일은 계속 되었다.

사과 줍기를 마치면 개울에서 세수하고 다 젖은 치마에 얼굴을 닦고 교회로 가곤 했다. 새벽부터 일을 하였기에 몸이 덜덜 떨려 풍금 옆에서 여러 개의 방석을 덮고 추위를 이겨 내며 예배시간을 기다렸다.

아침 9시가 왜 그렇게 긴지 어떤 때는 "영순아" 하고 부르는 소리에 잠을 깨곤 했다. 나의 사정을 잘 아시는 주일학교 선생님은 마음을 알아 주셨다. 그리고 풍금을 연주하는 데 얼마나 잘 하시는지 부러웠다. 나에게 찬송을 시키고 반주도 해 주셨다. 교회 사모님은 초등학교 교사이신데 찬양을 잘하셨다. 찬양을 부르시면 얼마나 감동인지 어린 나도 눈물을 흘리면서 함께 찬송했다. 내가 목사 아내가 되어 전국목사부인회 합창단에서 사모님을 만나 뵈었다. 처음에는 잘 알아 볼 수 없었지만 어디서 많이 뵌 것 같다고 이야기를 하는 가운데 사모님을 확인하고 얼마나 반가웠는지 모른다.

내가 초등학교 4학년 때 엄마가 장티푸스에 감염되셨다. 동네와 면에서 많은 어른들이 엄마가 돌아가신다고 문안했다. 주위에서는 일주일 밖에 더 사실 수 없다고 했다. 내가 엄마 방에 장작불을 때며 약을 달이고 앉아 있으면 손님들이 나를 보고 "아이구 어쩌나 불쌍해서"라고 말하며 혀를 찼다. 나는 한 사람이라도 엄마가 살 수 있다고 하면 엄마가 돌아가셔도 그분을 엄마로 삼고 싶었는데, 아무도 그런 분이 없었다.

"이 부잣집에 누가 와서 살지? 죽는 이만 불쌍하지. 애들이 불쌍해서 어떻게 하누."

이런 소리를 들으면 나는 계모가 들어와도, 내가 동생들을 키우겠다고 생각하기도 했다. 고무줄을 하고 놀다가 물을 먹으러 갔을 때 어머니의 소리가 들렸다. 내가 마당에서 고무줄하고 노는 것도 안 보인다고 도부(머리에 상품을 이고 다니는) 장사에게 말하는 소리를 듣기도 했다.

나는 엄마의 한약을 달이면서 부지깽이로 바를 정(正)자를 쓰면서 "엄마를 살려 주세요, 살려 주시면 하나님이 시키시는 대로 하겠습니다."라고 백 번 쓰고 약을 갖다 드리곤 했다. 할머니는 엄마가 죽어 가는데 딸까지 미쳐서 어떻게 하느냐고 소리 지르면서 약이 식기 전에 갖다 주라고 하셨다. 나는 약사발을 들고 간절히 기도했다. 때로는 눈물방울이 약사발에 뚝뚝 떨어졌다. 엄마는 "왜 울었니? 울지 마라. 괜찮다." 하셨다. 그러면 엄마를 붙들고 한참 울고 나오곤 했다. 아무도 못 들어가게 하고 나만 엄마한테 들어가게 했다.

나는 그때 방언이 무엇인지를 몰랐다. 약이 식기 전에 빨리 기도하려고 하니까 나도 모르는 말이 나왔다. 할머니는 장로님의 따님이셨지만 내가 미쳤다고 하셨다. 나이가 들어서야 그때 내가 방언으로 기도한 것을 알게 되었다. 엄마를 위해 밤에 기도하기로 작정했다. 학교 다녀와 집안일을 다하고 밤에 살짝 나가야 했다. 삽작문(사

나의 영적 어머니 / 박영순

립문)을 열고 나갈 수 없어 문을 살짝 넘어가기 위해 신발을 주머니에 넣고 맨발로 나뭇가지 위에 올라가 살짝 뛰어내렸다. 사랑방 앞이라 아버지께 들킬까 봐 숨죽이고 뛰어내려서는 신발 신고 걸음아 나 살려라 하고 뛰기 시작했다. 교회에 들어가서 신발도 벗지 않고 걸터앉아 기도하면 친구들은 예배당을 돌면서 술래잡기하느라 야단이었다. 교회 앞 고목나무에 올라가기도 하고 학교에서 배운 노래를 부르며 놀고 있는 것이 얼마나 부러웠는지 모른다. 우리 집은 잘 살지만 엄마가 아파 교회에 와 기도하는데, 친구들 가정은 넉넉치 못했지만 즐겁게 노는 모습이 부러웠다.

나는 교회 마룻바닥에 엎드려서 엄마가 불쌍하고 동생들도 불쌍하니 엄마를 살려 달라고 울면서 기도했다. 누가 듣고 들어올까 봐 숨죽이고 기도하면서 엄마를 살려 주시면 시키는 대로 다 하겠다고 기도했다. 호롱불도 켜지 않았다. 한 번은 눈을 감고 기도하는데 환하게 불이 켜져 있는 것 같아 눈을 떴더니, 강대상 십자가에서 빛이 환하게 비쳐 너무 놀라서 밖으로 뛰쳐나왔다. 이후로 우리 엄마는 차츰차츰 회복되셨다.

중학교는 대구에서 다니게 되었다. 고모 댁에서 생활했다. 고모 집은 불교 집안이다. 고모 댁의 큰집은 보살집이었다. 고모는 내가 거짓말하고 교회에 다닌다고 화내시며 빨래하시던 방망이를 내게 던져 발목을 다치기도 했다. 아프다고 말도 못하고 걸을 수가 없어 대문 밖에서 한참 울기도 했다. 고모는 아버지를 오시게 했다. 이유는 내가 너무 교회를 열심히 다녀 나를 더 이상 데리고 있을 수 없다는 것이었다. 고모는 내가 있으면 못 살게 될 것이라고 보살 형님이 말한다고 염려하셨다. 그러나 내가 있으면서 더 부자가 되셨다. 집에서도 거짓말하고 교회에 다녔는데 중학교에 다니면서 더 힘들게 교회를 다니게 되었다. 그런데 중학교 2학년 때 아버지가 고모댁에 오셨는데 무슨 이야기를 나누었는지 나를 대학까지 가르쳐 주지만 전도사에게 시집가든지 목사에게 시집가든지 더 이상 책임지지 않겠다고 말씀하셨다. 지금 돌아보니 아버지께서 말씀하신 대로 되었다.

고등학교 때부터 새벽기도를 시작했다. 김천에서 잠시 자취를 할 때였다. 그때는 시계도 없을 때이다. 그러나 새벽 종소리를 듣고 새벽기도에 참석했다. 어떤 때는 너무 일찍 가서 때로는 2시 또는 3시에 가기도 했다. 다시 돌아올 수도 없어 기다렸다가 예배드리고 올 수밖에 없는 경우가 종종 있었다.

서울로 대학을 진학했다. 대학을 졸업할 때까지 나는 많은 친척들의 도움과 사랑을 받았다. 작은아버지 두 분과 작은어머니 그리고 고모 집에서 돌아가며 생활한 것을 항상 감사히 생각한다.

원효로에 있는 성산교회에서 세례를 받았다. 세례 받을 때 얼마나 눈물을 흘렸는지 누군가 휴지를 손에 쥐어 주었다. 찬양대도 하며 대학 2학년까지 다녔다. 대학 3, 4학년 때는 김용진 교수님이 지휘하는 승동교회 찬양대에서 봉사했다. 학교에서는 이재숙, 이명희 교수님들에게 많은 사랑을 받으면서 대학 생활을 할 수 있었다. 이재숙 교수님 집에 레슨을 받으러 가면, 장롱 위에 성경책이 두 권 놓여 있었다.

"언제 교회가실 거예요?"

"은퇴하고."

"그렇게 늦게까지 기다리려면 너무 머네요?"

교수님은 말씀대로 은퇴하시고 전화하셨다. 분당에 어느 교회를 가면 좋겠냐고 물어오셨다. 지금은 교회를 잘 다니고 계신다. 이명희 교수님은 이재숙 교수님보다 먼저 교회에 나가게 되었다.

대학 졸업 후 강원도 영월에서 음악교사로 근무하던 시절, 방학 때였다. 하루는 친구가 할 이야기가 있으니 빨리 서울로 올라오라고 했다. 한 주가 지나 서울에 왔더니 이야기하면서 졸업 반지, 시계 등을 보자 하더니 하나씩 빼앗았다. 할 말이 있다고 하면서 자기 남편이 근무하는 학교에 김 선생이라는 분이 있는데 만나고 내려가라는 것이었다. 반지, 시계를 달라고 하니 돌려주지 않았다. 김 선생을 만나면 주겠다는 조건이었다.

생애에 최초로 친구가 소개하는 선을 보게 되었다. 반포에 있는 가고파다방으로 나갔다. 먼저 와서 앉아 있는데 키도 크고, 체격도 날씬했다. 이야기 중에 결혼하면 '고생시킬 것'이라는 이야기가 기억된다. 그는 대화를 나누고는 갑자기 학원에 가야 한다고 하면서 먼저 나가는 것이었다. 나는 멍하니 있다가 돌아갔다.

학생들 가야금연주대회를 준비하기 위해 여름방학에 텐트를 치고 숙식하면서 합숙했다. 불을 다 끄고 한 명이라도 틀리면 처음부터 다시 하게 했다. 열심히 한 결과 전국예술제에서 2년 연속 1등을 했다.

선을 보았던 김 선생에게서 편지가 왔다. 나는 읽지 않고 책상위에 쌓아 놓았다. 주위에서는 나의 그런 모습을 보고 "웬만하면 읽어 보세요."라고 했다. 이 일로 인해 소문이 나자, 나는 교장선생님, 교감선생님께 불려가 편지 오는 분이 마음에 들지 않으면 우리 학교 선생님을 사귀어 보라고 여러 차례 권면받았다.

김 선생이 하도 편지를 보내 몇 개월 동안 교회도 나가지 않았다. 앞으로 있을 대회를 핑계 삼기도 했다. 합숙 중 학생들을 연습시켜 놓고 좀 일찍 나온 날이 있었다. 학교에서 집으로 향하고 있는데,

종소리가 땡그랑 땡그랑 들려 왔다. "내가 왜 이러고 있지." 하고는 교회로 향했다. 그날 목사님 설교는 나의 속을 완전히 들여다보고 계시는 것 같았다. 설교가 끝나고도 얼마나 울었는지 손수건이 다 젖어 더 닦을 수가 없었다. 이튿날 새벽기도를 다녀와 살짝 잠이 들었는데 김 선생이 목사 가운을 입고 성경책을 들고 있는 모습이 보였다. 나는 더 고민을 하게 되었다

깜짝 놀랄 일이 한두 가지가 아니었다. 김 선생을 7월에 한 번 만나 보았는데, 그는 그 후 10월에 고향 집에 가서 우리 부모님을 만나고 갔다는 소식을 들었다. 너무도 어이가 없었다. 부모님은 어떻게 된 일인지 동생을 보내 확인하러 왔었다. 김 선생은 내가 무엇을 하고 있는지 다 알고 있는 것 같았다. 어떤 때는 교회로, 어떤 때는 고속터미널에서도 내가 가는 곳에 먼저 와서 기다리고 있는 것이었다. 그때는 내가 사랑받고 있는지도 모르고 무조건 매몰차게 내치기만 했다.

나는 이 문제를 놓고 진지하게 기도해 보기로 했다. 학교에서 전화오면 급한 일이 있어 말씀 못 드렸다고 전해 달라고 하고 순복음기도원에 가서 금식기도를 했다. 순복음기도원에는 토굴로 된 기도 장소가 있다. 거기에서 기도하는데 여 전도사님 같은 분이 내게 와서 "함께 기도할까요?" 했다. 젊은 처녀가 혼자 와서 기도하니 아

마 염려가 되었던 모양이다. 그리고 그녀는 "결혼 문제를 가지고 기도하는군요. 김 선생은 하나님이 사랑하는 아들이며, 나에게 엮어 주신 분이니 다른 분과 결혼하면 실패합니다."라고 말해 주었다. 한 주가 지나 주일 새벽기도 중에 김 선생의 얼굴이 환하게 빛을 발하는 모습을 보면서 하나님의 응답으로 받아들였다. 그리고 내가 그동안 너무나 지나치게 거절해서 결혼하면 행복하게 해 주어야겠다고 생각했다. 결혼 준비를 위해 학교를 사직했다. 만난지 1년 후인 11월에 결혼했다.

남편은 교사로 8년 정도 지나 진로를 놓고 기도하기 시작했다. 원래는 대학교수가 되는 꿈을 가지고 있었는데 기도하면서 목회자의 길을 택했다. 교사 10년을 마감하고 신학대학원에 입학하여 공부하고 부교역자로 7년을 훈련 받은 후에 의정부시민교회에 청빙을 받고 올해로 23년째 목회를 하고 있다. 목회를 위해 준비하는 동안 나는 피아노 교습을 하면서 남편을 내조하고 새벽기도, 산 기도를 하면서 남편을 위해 기도했다. 이제 남편은 내년이면 은퇴한다. 그동안 목회는 하나님의 은혜 가운데 감당했다. 힘든 일도 여러 차례 있었지만, 우리 부부는 참으로 행복하게 살아왔다. 두 아들도 목사가 되었다.

나의 삶을 돌아보면 곳곳에 하나님의 인도하신 손길을 느낄 수

나의 영적 어머니 / 박영순

있다. 정말 하나님의 은혜 가운데서 살아온 복된 삶이었다. 이제 은퇴 후의 삶에 대해 남편과 함께 기도하는 중에 CBS 글쓰기 세미나에 참여하여 지나온 삶을 돌아보며 정리하게 하시고, 앞으로 은퇴 후의 삶을 준비할 수 있는 기회를 갖게 되어 정말 감사하다. 은퇴 후의 삶에도 하나님의 인도하심은 변함없이 은혜로 다가올 것이다.

신혼 삶의 보람

1978년 11월, 결혼하여 은평구 신사동에 전세를 얻어 신혼 살림을 차렸다. 2층 단독주택인데 우리가 아래층에 살고 주인댁은 위층이었다. 주인 아저씨는 휘문고등학교 교사이셨고, 남편은 숭실고등학교 교사였다. 위층 사모님께서 우리 집에 와서 한 번 쭉 보시더니 얼굴 표정이 별로 좋아 보이질 않았다. 불교 신자인 사모님은 우리가 교회에 다니는 것이 마음에 들지 않았던 것이다.

나는 계속 다니엘 기도를 했다. 창문을 열어 놓고 고향 하늘을 바라보면서 오전 9시, 12시, 저녁 6시에 혼자 찬양하고 기도하며 예배드렸다. 하루는 "새댁" 하고 부르면서 사모님이 들어오셨다.

"새댁이 믿는 하나님이 누구인지 나에게 가르쳐 줘."

깜짝 놀랐다. 성경책을 펴 말씀을 읽어 드렸다. 그리고는 울면서 감사 기도를 드렸다. 그러나 교회에 다니겠다는 말씀은 없었다. 사모님은 제사를 지냈다고 무국 등 반찬을 가지고 오시곤 했다. 결혼하기 전 우리 집에 그렇게 제사가 많아도 나는 제사 음식을 먹지 않았다. 대학 다니면서 부흥 강사님께서 제사 음식도 기도하고 먹고 전도하면 된다는 말씀이 생각이 나서 임신 중이었는데도 맛있게 먹고 또 달라고 했다. 후에 생각하니 하나님을 믿는 사람들은 제사 음식을 먹지 않는다는 것을 어디서 들으시고 나를 떠보기 위한 것 같았다. 내가 제사 음식인데도 잘 받아먹는 것을 보고는 아무 말씀이 없었다.

사모님은 여장부이셨다. 내가 피아노 레슨을 하고 싶다고 의논 드렸다. 우리가 아래층이라 피아노 소리가 나면 위층에는 불편함이 많아질텐데 흔쾌히 허락하시고, 사모님 자녀들도 가르쳐 달라고 하면서 시작도 하지 않았는데 레슨비를 주셨다. 자녀가 2남 1녀였다. 처음부터 세 명의 학생이 생겼다. 첫 레슨비는 모두 새벽기도회에 출석하는 교회에 예물로 드렸다. 사모님은 친구 분들의 자녀들까지 가르칠 수 있도록 주선해 주셨다. 몇 달이 안 되어 피아노를 한 대 더 샀다.

결혼한 다음 해 첫 아들을 병원에서 출산하고 집에 돌아오니

나의 영적 어머니 / 박영순

집 입구가 풍선으로 장식되어 있고 선생님 출산을 축하한다고 벽에 붙여 놓고, 사모님은 미역국, 불고기 그리고 반찬을 여러 가지 준비해 놓으셨다. 부모님께서 멀리 지방에 계시기 때문에 도움을 받을 수 없었는데 사모님께서 그 부분을 채워 주셨다.

내가 새벽기도에 갈 시간이 되면 위층에서는 찬물 끼얹는 소리가 났다. 문을 열고 나가면 마주칠 때도 있다. 나는 교회로 가는데 사모님은 불공을 드리려 미아리고개로 택시 타고 간다고 하셨다. 어느 주일날 교회에 가려고 준비하고 있는데 2층에서 선생님 딸이 내려와 그런 우리를 지켜보고는 물었다.

"어디 가세요?"

"차 타고 멀리 가. 교회에 가는 거야. 그래서 신회 옷을 입히는 거야."

"나도 교회 가고 싶은데."

"그러면 다음에 엄마한테 허락 받고 가자."

"우리 엄마가 못하게 해서 안 돼요."

그 애는 주일이면 우리가 교회에 가는 줄 알고 내려와서 큰아들을 봐 주기도 하고 집을 나서면 버스정류장까지 함께 왔다가 집으로 돌아가곤 했다. 어느 날 엄마가 "교회가 그렇게 가고 싶니?"라고 물었다고 했다. 그래서 "네."라고 대답하였다고 전해 주었다. 드디어 기적이 일어난 것이었다.

　어느 날 "선생님! 교회에 가도록 엄마한테 허락받았어요. 차비하고 헌금도 주셨어요." 하면서 옷도 예쁘게 입고 들어왔다. 함께 우리가 다니는 새문안교회에 가서 아동부에 소개하고 예배드렸다. 새가족부에서 아이에게 액자를 선물로 주었다. 예수님의 초상화가 있고 벽에 걸 수 있는 쟁반 같은 액자였다. 아이는 좋아서 엄마에게 보여 주었더니 당장 갖다 버리라고 해서 밖에 나가 쓰레기통 옆 화단에 감추어 놓았다고 말했다. 그 소리를 듣는 순간 눈물이 핑 돌았다.

　"왜 버리지 않았니?"

　"예수님을 어떻게 버려요."

　"어떻게 할 거야?"

　"엄마가 밖에 외출하시면 가져다가 장롱 속에 감출 거예요."

　피아노 레슨 시간에 오면 액자 이야기를 나누었다. 이렇게 하여 미리가 처음 교회에 나가게 되었다.

　얼마 지나 사모님께서도 교회에 나가시겠다고 하여 동네 가까운 은평교회에 나가실 수 있도록 도와 드렸다. 미리는 엄마가 교회에 나가시자 엄마에게 액자를 내서 보여 주었다고 했다. "세상에 어디에 숨겨 두었니? 교회가 그렇게 가고 싶었구나." 하시고는 자기 방에 걸어 주셨다고 얼마나 좋아하였는지 모른다. 어린 아이와 같아야 천국에 들어갈 수 있다는 말씀이 생각났다. 두 아들도 자연스럽게 교회에 나가게 되었다. 위층 선생님은 고등학교에서 독일어를 가르치셨다. 독일에 연수차 다녀오셨다. 종교개혁에 관계된 지역도 다녀오셔서 여러 가지 사진을 보여 주며 설명하셨다. 그리고 선생님도 교회에 다니게 되었다.

잘 다니시다가 한번은 사모님께서 신발장 문을 쾅쾅 두드리면서 "부지런한 신회 엄마나 교회 다녀. 나는 못 다니겠다. 이제 끝이야."라고 하셨다. 얼마 지나 목사님께서 왜 교회에 안 나오시느냐고 궁금해 하셨다. 알고 보니 사모님이 교회에 가서서 설거지하고, 화장실 청소, 부엌일 등 모든 것을 하게 된 것이 힘드셨던 것 같다. 그럼에도 교회를 다시 다니셨다.

우리는 결혼 3년 8개월 만에 신사초등학교 부근으로 단독주택을 구입하여 이사했다. 사모님과 남편 선생님이 교회에 나가면서 사모님은 친정식구들 2남 3녀 형제자매들도 전도하셨고, 친정어머니도 주님을 영접하여 권사로 섬기시다가 하늘나라에 가셨다. 동네의 여러 분들을 전도하셨다. 후에 그 남편 선생님은 대학교 교수가 되셨고, 교회에서는 장로님이 되셨다. 사모님은 권사로 교회를 잘 섬기고 계신다. 우리가 목회 임지를 따라 의정부로 들어온 이후 장로님은 암으로 세상을 떠나셨다. 권사님은 밤마다 새벽마다 본 교회와 우리 교회를 위해 기도하신다고 말씀하신다. 철저한 불교 신자였는데, 하나님께 돌아와 이제는 하나님 편에서 주의 종을 잘 도와 교회를 섬기고 있다.

사모님이 은평장로교회에서 신앙생활을 하게 된 것을 간증하신 것을 학부형을 통해 전해 들었다. 아래층에 사는 우리 가정이 믿는 사람들이라 제사 음식을 먹지 않을 것이라 생각했다는 것이다. 그래서 제사 음식을 갖다 주고는 2년 동안이나 쓰레기통을 조사해 보았다고 했다. 먹고 더 달라고 하면서 혹 버리지는 않았는지 쓰레기통을 조사해 보았다는 것이다. 그때는 쓰레기통을 제법 크게 시멘트로 만들어 놓고 밖에서 문을 열고 가지고 가도록 되어 있었다. 그리고 주인집과 우리 집이 함께 사용했다. 음식물 쓰레기도 함께 버렸기에 여름에는 구더기가 생기기도 하였는데 그것을 꾸준하게 청소하는 것을 보면서 그리고 내가 3년 동안 골목길 청소하는 것을 보면서 새댁인데도 일반 사람들과 다르게 살아가는 모습에서 하나님을 믿는 사람의 모습을 보았다는 것이다.

신혼 초 생활이 어떻게 비쳐졌는지는 모르나 한 가정을 하나님께서 인도하는 결실이 있었음을 돌아볼 때 참으로 감사한 일이다. 올해는 우리 부부가 결혼 40년이 되는 해이다. 지금까지도 사모님 가족과 믿음 안에서 정을 나누고 있으니 정말 감사한 일이다. 선생님께서 살아 계셨더라면 하는 아쉬움도 있지만 이제 자녀 손들을 통해 믿음의 대가 이어져 가고 있으니 얼마나 감사한 일인지 모른다.

나의 영적 어머니

결혼 전 피아노 학원에서 안춘봉 전도사님을 만나 함께 기도한 적이 있다. 뵙고 싶은 마음에 결혼 후 집으로 초청했다. 말씀보고 기도하는데 전도사님이 남편이 장남이냐고 물으면서 뚱뚱하고 머리를 뒤로 묶은 처녀하고 많이 여원 어머니와 함께 사는 모습이 보인다고 하신다. 시댁은 3남 3녀인데 남편은 차남이다. 막내 아가씨는 지적 장애가 있어 시부모님과 함께 생활하고 있었다. 마음속에 시부모님이 돌아가시고 누군가 돌보는 이가 없으면 내가 함께 살아야 하는구나 하는 마음이 들었다.

안 전도사님은 막내 아가씨는 내가 돌보아야 한다고 말씀하셨다. 그 후로 잊어버릴 만하면 한 번씩 말씀하셨다. 아버님이 9년 전에 먼저 돌아가시고, 7년 전에 어머님께서 돌아가셨다. 그 후로 막내 아가씨는 우리 집에서 함께 생활하고 있다. 부모님과 생활할 때는 주일에 교회에 출석하는 일 이외에는 바깥 출입이 자유롭지 못했다. 그러나 우리와 함께 생활하며 일상적인 삶에 대한 가장 기본적인 것을 반복 숙달시켜 이제는 아침 9시에 집에서 나가 복지관에서 운행하는 버스를 타고 복지관 주간보호센터에서 낮을 보내고 오후 5시면 집에 돌아온다.

한 달에 한 번씩 안 전도사님과 함께 예배드리는 시간을 가졌다. 가시고 나면 다시 만날 날이 기다려졌다. 만날 날을 기다리면서 열심히 기도 생활을 하며 기쁜 마음으로 생활할 수 있었다. 나는 집에서 아이들을 양육하며 피아노 교습을 했다. 결혼 전 작은어머니께서 내 봉급을 모아 주셨고 또 열심히 아끼고, 일부 대출을 받아 결혼 3년 8개월 만에 단독주택을 구입했다. 넉넉한 살림은 아니었으나 피아노 교습을 하면서 처음 받은 레슨비는 금액을 확인하지도 않고 동네에 있는 교회에 새벽기도회에 출석하여 감사예물로 드렸다.

안 전도사님은 개척 교회를 돕는 일에 열심이셨다. 1980년 초반에는 2,000만 원 정도 있으면 교실 두 칸 정도의 공간에 교회를 개척할 수 있었다. 그래서 여러 개척 교회를 후원하셨다. 나도 함께 기도하는 분들과 이 일에 동참했다. 학교 교사 네 분, 학원 원장 세 분이 함께 이 일에 동참하도록 소개했다. 안 전도사님은 우리가 전하는 봉투를 열어 보지도 않고 그대로 개척 교회의 목회자들에게 전해 드렸다.

나는 대학에서 가야금을 전공했다. 피아노는 전공은 아니어서 늘 기도하는 마음으로 잘 가르치려고 노력했다. 피아노 교습소의 이름은 예수님께서 제자들과 마지막으로 저녁 식사를 하셨던 마가의 다락방을 생각하여 "마가 피아노"라고 간판을 달았다. 감사하게도 "마가 피아노"가 소문이 나 자리가 없어 등록 차례를 기다리는 경우도 있었다. 피아노 교습을 통해 하나님의 일을 위해 힘닿는 데까지 헌신하니 많은 은혜를 주셨다. 웬만한 학원보다 더 많이 모였다. 학생이 족히 80여 명이 되어 밤 10시까지 레슨하기도 했다. 보조하는 교사 한 분이 수고해 주셨다.

남편은 아이들이 많은데 얼마나 수입이 되는지 물어본 적이 없다. 안 전도사님께 많이 후원을 하는 것을 알면서도 구체적으로 알려고 하지 않았기 때문에 하나님의 일을 할 수 있었다. 때로는 목돈으로 몇 백만 원이 필요할 때도 있었다. 그러면 동네 형님들에게 빌려 4부 이자를 내면서도 개척 교회를 위해 헌금했다. 동네 형님들은 달력에 표시된 이자 지불 날짜를 보면서 "아이들이 중학교에 가면 돈이 많이 들텐데." 하면서 걱정을 하셨다.

하나님께 드리고자 하는 마음을 가지고 헌신할 때 필요한 것들을 채워 주심을 많이 경험했다. 아이들을 레슨하면서도 발이 땅에 닿지 않는 것 같은 감동을 주셨다. 오후 3시가 되면 항상 하늘로부터 새 힘이 주어졌다. 아이를 업고 젖을 먹이면서도 가르쳤다. 아이들이 모이면 정말 아수라장이었다. 아이들이 제 시간에 맞춰 오는 것도 쉽지 않았다. 모일 때는 한꺼번에 왔고 그러면 개구쟁이들이 가만히 있지 않았다. 그럴 때는 일주일씩 금식기도를 하기도 했다. 그러면 개구쟁이들도 얌전해지고 조용해졌다.

금식할 때면 주님께서 레슨해 주시는 것 같았다. 방으로 들어가시는 옷자락이 나풀거리기도 하고 레슨이 끝나고 청소를 할 때면 피아노 아래 비둘기 두 쌍을 보여 주시기도 했다. 위로해 주시고 늘 동행함을 보여 주셨다. 천군천사들이 보호하신다는 것을 잊지 않고 말씀해 주시고 직감적으로 감동을 느끼게 해 주셨다.

나는 고등학교 1학년 때부터 새벽기도를 했다. 교회에만 가면 왜 그렇게 좋은지 몰랐다. 기도하는 것이 좋았다. 동네 교회의 교인들 7-8명과 함께 기도하는 팀이 있었다. 개척 교회를 돌아다니며 기도하면서 가는 곳마다 강대상, 성찬기, 악기, 커튼 등을 헌물하고 목회자 생활에 필요한 것을 도와 드리기도 했다. 우리가 너무 요란하게 기도하기 때문에 한두 해가 지나면 너무 시끄럽다고 다른 곳으로 옮기기를 원하셔서 교회를 찾아 옮겨 다니며 기도했다. 교회에 필요한 것들을 많이 도와 드렸는데 하는 생각을 하면 좀 섭섭하기도 했다. 이렇게 하며 여러 개척 교회를 섬겼다.

나의 영적 어머니 / 박영순

하루는 갈 곳이 없어 광화문에 있는 새문안교회 부근에 한 권사님의 따님이 미술학원에 교사로 있다고 해서 그곳을 갔다. 지하 4층까지 있는 큰 건물이었다. 지하 4층에 공간이 있다고 하여 학원 원장님은 모르게 기도하기로 하고 간 것이다. 추운 겨울이라 석유난로에 불을 켜 놓고 기도를 했는데 어찌하다 보니 다들 잠이 들었다. 목이 답답해서 일어나려니 몸을 움직일 수가 없었다. 문이 조금 열려 있었는데 더 열고 싶었으나 열 수가 없었다. 다른 분들은 다 자고 있었는데, 자는 것이 아니라 산소의 부족으로 모두가 정신을 차리지 못하고 있는 것이었다. 어찌어찌 하여 발로 문을 밀어 열었다. 조금 있으니 구역질이 나면서 정신이 들었다. 그리고 한 사람씩 흔들어서 문 입구로 끌고 가 정신을 차리게 했다. 정말 모두가 질식사할 뻔했다. 택시를 타고 동네 교회로 새벽기도 시간을 맞추어 돌아오면서 오늘 있었던 일은 절대 가족들에게는 말하지 않기로 했다. 오랜 시간이 지나서야 이 일을 남편에게 말할 수 있었다.

남편이 신학을 공부하고 부교역자로 사역할 때, 안 전도사님을 따라 삼각산(북한산의 옛 이름) 산 기도에도 열심을 냈다. 피아노 교습이 끝나고 집안 정리를 하고 나면 피곤했지만 밤 11시면 삼각산으로 갔다. 어린 두 아들도 엄마가 산에 기도하러 간다고 하면 잘 도와주었다. 안 전도사님은 삼각산에서 밤새 기도하고 낮에는 병든 사람, 영적으로 힘들어 하는 이들을 위해 찾아 다니셨다. 하나님께서 전도사님의 입술에 권세를 주셔서 하나님의 말씀을 힘있게 전하셨다. 그리고 전도사님의 기도를 통해 많은 분들이 신앙생활에 격려와 힘을 얻었다.

하나님께 온전히 붙잡히면 세상적인 욕심은 없어지고 오직 예수님만 보인다. 나의 것은 어느 것도 없다. 그래서 아깝지 않게 주님께 드릴 수 있다. 그런데 지나고 보면 하나님께서는 누군가를 통해 역사하셔서 내 삶을 책임져 주신 것을 알게 된다. 정말 하나님의 사랑은 무엇으로도 다 표현할 수 없다.

나보다 조금 나이가 어린 한 권사님은 삼각산에 가서 기도할 수 있도록 8년 동안 차를 태워 주시며 함께 기도했다. 참 힘든 일인데 기도의 동역자로 현재도 교회와 영락기도원 등에서 피아노 반주로 하나님께 영광을 돌리고 있다. 나는 할 수 있는 일에 최선을 다하면 하나님께서는 일할 수 있도록 필요한 것을 채워 주셔서 하나님께 영광을 돌릴 수 있음을 안 전도사님을 통해 배울 수 있었다. 안 전도사님은 건강이 좋지 않았다. 그러나 히스기야 왕과 같이 생명을 연장 받은 삶이라고 하면서 국내 여러 곳을 찾아다니며 어려운 분들을 찾아 위로하고 믿음으로 세우는 일을 하셨다. 병 중에도 개척 교회를 후원하는 일을 열심히 하셨다. 내가 후원금을 들고 병문안을 갔

나의 영적 어머니 / 박영순

더니 남편 장로님에게 나를 지난 30여 년 동안 한 번도 변치 않은 분이라고 정말 진국이라고 칭찬해 주셨다.

안 전도사님은 몇 년 전 하나님의 부르심을 받았다. 정말 우리 가정을 위해 많은 기도를 해 주셨다. 큰 따님은 어머니의 뒤를 이어 기도생활을 열심히 하고 아들과 자부는 대학교수가 되었다. 하나님께 철저히 헌신하신 가정의 자녀들에게 하나님께서 복을 주신 것을 볼 수 있다.

육신의 어머니도 보고 싶지만 영적인 어머니, 안 전도사님이 너무 보고 싶다. 병원에 입원하시기 바로 전에 우리 집에 오셨다. 큰 아들이 꿈꾸는교회 목사님 따님과 결혼한다고 하니 하나님께서 귀한 믿음의 배필을 주셨다고 축복해 주셨다. 그 후 입원하시고 무균실에 계시다가 돌아가셨다. 무균실에 계실 때 병문안을 갔지만 들어가 뵐 수가 없었다. 육신의 엄마는 늘 따뜻하고 함께하셨던 분이라고 생각하지만 안 전도사님은 늘 나의 이야기를 들어 주시고 기도로 격려해 주시며 희망을 주셨던 분이다. 앞으로 나도 전도사님과 같은 삶을 살아가야겠다는 생각을 많이 한다. 정말 예수님을 닮은 삶을 사셨던 분이다. 나도 주어진 생명이 있는 동안 영혼을 살리고 구원에 이르도록 인도하는 삶을 살 수 있기를 소망한다. 이를 위해 하나님께서 나에게 강건함과 입술에 권세를 주시고 강력한 성령의 기름

부으심이 있기를 기도한다.

영적 체험

대학을 졸업하고 영월에 있는 여중고교에 음악교사로 부임했다. 대학 재학 중에 영월에서 있는 단종제에 도움을 주러 갔던 것이 계기가 되었다. 부임한지 얼마 되지 않았는데, 학교에서는 이단 통일교에 대해 칠판에 적어 놓고 이단에 가면 정학 또는 퇴학당한다고 전하고 한 번이라도 다녀온 학생 또는 다니고 있는 학생들을 확인하여 학생처로 올리게 했다. 왜 그런 곳에 가면 안 되는지 공문 내용대로 읽어 주라고 하여 그대로 했다. 그리고 몇 달이 지났다. 한 학생이 하루에도 몇 번씩 교무실로 전화해서 음악선생만 찾는다는 것이다. 그 당시 교장선생님께서 "박 선생, 동성 연애하셔요?" 하기도 했다. 나는 그 여학생이 왜 전화를 하는지도 몰랐다. 그런데 어느 날 수업을 하고 있는데 문을 살짝 열고는 히죽거리고 있어 그 학생이 이상한 것을 알게 되었다.

수업이 끝나고 음악실에서 만났는데 얼굴과 교복이 다 까맣게 얼룩져 있었다. 영월에서 탄광이 있는 역까지 기차를 타고 왔다 갔

다 하였다는 것이다. 나는 이 학생에게 악한 영이 들어가서 정신이
이상해진 것을 알 수 있었다. 이야기를 시켜 보았다. 엉뚱한 이야기
만 하고 "선생님이 좋아서요, 좋아서요."만 반복하는 것이었다. 몇
개월 동안 이 학생에게 시달리면서 수업했다. 그래서 나는 일주일씩
세 차례나 금식하면서 수업했다. 교장선생님께서는 "박 선생이 죽으
면 큰일 난다고 식사를 하라."고 선생님들을 통해서 전해 왔다.

새벽에 가서 기도하고 오면 학생 부모님께서 아이가 선생님만
찾으니 어떡하면 좋으냐고 울면서 전화가 왔다. 음식점을 하시는 데
벽에다 머리를 박아 벽마다 핏자국이 있고 머리가 성할 날이 없다고
하셨다. 점심시간에 내려가 기도해 주면 그때뿐이었다. 다음 날 그
리고 다음 날 그런 시간이 일상같이 되어 버렸다.

기차나 버스를 타고 어디 갔다 오는지 하루 종일 그리고 밤새
다니다가 아무때나 학교나 하숙집으로 찾아와 깜짝 놀랄 때가 한두
번이 아니었다. 여름 어느 날 밤 9시에 그 학생이 하숙집으로 찾아
왔다. 마침 한 선생님과 이야기를 나누고 있었다. 그 선생님은 임신
7개월째였다. 방 안에 있는 과도 등 위험하다고 생각되는 것은 다
치웠다. 나는 그 학생과 이야기를 나누었다. 그 선생님은 무서워 이
불을 뒤집어쓰고 나가지도 못하고 있었다. 후에 들어보니 덜덜 떨고
있었다고 했다.

영적 전쟁이었다. 학생은 선생님이 이단에 가지 말라고 해서 그때부터 백일기도를 시작했단다. 원주를 자기가 통치한다는 등, 선생님의 비밀을 안다면서 영어선생님이 나를 좋아한다고 말했다.

학생은 계속 엉뚱한 소리를 하면서 격한 모습을 보이기 시작했다. 힘이 얼마나 강한지, 죽는다고 머리를 벽에 박기도 하였다. 나도 힘이 있다고 자신했는데 정말 감당하기가 어려웠다. 내가 '주님' 하고 속으로 부르니까 나를 보고 다른 생각한다고 소리 지르고 야단이었다. 또 내가 "아버지" 하면 학생은 힘이 빠지는 모습을 볼 수 있다. 세 번째는 완전 발악했다. 마음에 십자가를 새겼더니 "하지 말라, 하지 말라."고 하면서 또 푹하고 쓰러졌다.

그때 이불 쓰고 있던 선생님을 자기 방으로 보내고 새벽기도회에 가려고 준비하는데 학생이 일어나더니 주섬주섬 자기 것을 챙기고는 나를 따라나섰다. 마당에 나오는 데 주렁주렁 열린 포도송이 사이로 비취는 달빛을 보며 "하나님 꼭 이 아이를 고쳐 주세요."라고 기도하면서 교회에 갔다. 학생은 내가 찬송하면 찬송하고, 성경 읽으면 읽고, 내가 하는 대로만 따라서 했다. 예배 마치고 여자 전도사님께 합심해서 기도해 달라고 부탁드렸다. 찬송을 한참 하는데 학생도 앉아서 찬양하며 얼마나 뛰는지 가슴 위로 훨훨 뛰었다. 잘 고침을 받아야 하는데, 잘못되면 어찌하나 하는 염려 때문에 그 아이 부모님의 모습이 눈앞에 왔다 갔다 했다. 담임 목사님, 전도사님, 장로님, 권사님, 집사님 등 열댓 분이 함께 기도했다. 얼마가 지나 "이제 됐다." 하시는데 나는 그동안 담대했는데도 불안하고 더 상태가 안 좋아질까 봐 걱정이 태산 같았다. 그리고도 한참 기도하고 나니 학생이 푹 쓰러졌다. 좀 있으니 학생이 깨어났다. 나는 학생을 부모님께 데려다 주었다.

그 이후로 많이 좋아졌다. 그래도 학생 부모님이 하는 음식점으로 많이 불려 다녔다. 만날 때마다 기도해 주고 찬송하곤 했다. 부모님은 믿지 않았지만 우리가 하면 같이 따라 하셨다.

결혼을 위해 퇴직하고 올 때 그 어머니께서 찬합 도시락에 가지가지 반찬을 싸 왔다. "가면서 드시라."고 주셨다. 빨강색 속내의도 사서 싸 주시고 감사하다고 인사했다. 후에 신앙생활도 잘하고 자녀를 낳고 행복하게 살고 있다는 소식을 들었다.

결혼하여 첫 아들을 낳았는데, 세면장이 지하층에 있었다. 아들을 업고 세면장에 내려가 빨래하면서 방언으로 기도하면 집 앞에 있는 분홍연립 502호에 가 보라는 감동을 자꾸 주셨다. 분홍연립에는 새벽기도에 나가는 교회 목사님 댁도 있어 조심스러웠다. 계속 감동을 주시기에 남편에게 이야기했더니 한 번 가 보라고 했다. 토요일에 포도를 사 가지고 천천히 그 집을 찾아갔다.

여름이라 문이 열려 있었다. 들어가 보니 할머니께서 곧 돌아가실 것 같았다. 뼈만 앙상하게 남아 있다. 옆에는 아주머니 두 분이 앉아 있었다. 인사도 제대로 하지 않고 들어가자마자 할머니를 안찰하면서 기도하는데 아무리 절제하려 해도 되지 않았다. 방언으로 기도하니 "일어선다, 일어선다." 하는 소리가 계속 나왔다. 이웃에 목사님 댁도 있는데 내 소리가 얼마나 큰지 '다 들릴 텐데.' 생각되면서도 억제되지 않았다. 기도하면서도 여러 생각이 오갔다. 내가 피아노 선생인지 알아볼 수 있을까? 할머니가 일어난다고 하면서 계속 기도하는 것을 어떻게 생각할까? 한참 기도가 끝나고 나니 "피아노 선생님!" 하는데 가슴이 덜컹 내려앉는 것 같았다. 늘 남편은 내가 꿈꾼 것이나 성령님께서 감동 주신 것을 남들에게 이야기하면 자기 교사를 못한다고 하면서 자기에게만 이야기하라고 했었다. 이분들도 얼마나 놀랐겠는가? 인사도 제대로 하지 않고 들어오자마자 큰 소리로 안찰을 하면서 기도하였으니….

할머니는 돌아가실 것 같아 신부님을 모시고 영세를 받았다고 하셨다. 장지도 마련해 놓으셨단다. 사실 할머니의 아버지가 목사님이신데 시집와서는 교회를 다닐 수 없었다고 이야기하면서 자기 자부는 순복음교회에서 성가대원이라고 하면서 신혼여행 중인데 곧 돌아온다고 했다. 집을 나오는데, 발걸음이 얼마나 무거웠는지 모른다. 그렇게 난리를 치며 기도하였는데도 등에 업힌 아들은 자고 있었다. 집에 돌아오니 남편이 누워 있었다.

"여보, 분홍연립에 갔는데 큰일 났어, 큰일 났다고. 어쩜 좋아. 하나님께서 일어난다, 일어난다고만 하셔. 근데 도저히 일어날 수 없는 분이셔. 눈을 뜨고 보니 곧 돌아가실 것 같은데 안찰을 얼마나 세게 했는지 난 걱정이에요."

정말 하늘이 노랗다는 말이 실감났다. 다리를 후들후들 떨면서 아들을 업은 채 겨우 집에 와서 남편에게 말했더니 남편은 "하나님께서 일어난다고 하면 일어나지." 하는데 속에서 무엇인가 빠져나가는 느낌이 들면서 마음이 한결 가벼워졌다.

주일이 되어 새문안교회에 가서 예배드리고 와서 할머니가 궁금해서 어제처럼 포도를 사서 아들을 등에 업고 정말 천천히 한 발자국, 한 발자국을 걸었다. "한 걸음이 천리길 같다."고들 어른들이 하시던 말이 생각났다. '아주 천천히 가면서 일어나셨다는 이야기를 듣게 해 주세요.' 하고 기도하면서 그 집에 들어가는데 젊은 새댁이 "피아노 선생님" 하면서 말을 했다. 할머니는 일어나셔서 소파로 걸어오시는데 내가 너무 놀라 소리를 쳤더니 할머니가 소파에 푹 주저앉으셨다. 할머니가 하시는 말소리는 너무 작아 들리지 않았지만

"고맙다, 고맙다."고 하시는 것 같았다.

두 달 정도가 지나 시장에 장을 보러 갔는데 시장 어르신들이 다리가 아픈데 기도해 달라고 하셨다. 아마 소문이 난 모양이었다. 그리고 할머니의 며느리가 나를 보고 인사를 하면서 어머니께서 두 달 더 사시고 하늘나라로 가셨다고 하셨다. 하나님 주시는 감동에 순종했더니 나도 생각지도 못한 일을 경험했다.

남편이 목회를 하는 중에 G-12 목회를 훈련 받을 때 인카운터 수양회를 참석했다. 강력한 성령의 역사가 있었다. 저녁 시간이 끝나갈 때에 한 목사님의 사모님 안에 있는 악한 영이 드러나기 시작했다. 두 목사님께서 축사(귀신을 내쫓는 사역) 하는 과정을 아주 자세하게 경험했다. 그동안 이런 일이 인카운터 수양회 때에 여러 차례 있었음을 알게 되었다. 성령님께서 역사하시니, 악한 영이 견디질 못해 소리 지르고 나가지 않겠다고 발악했지만, 결국은 귀신은 나가고 마음의 평정을 얻는 과정을 아주 자세히 볼 수 있었다. 수양회 기간 중에 내가 속한 소그룹에서 나를 통해 축귀하는 역사가 일어나기 시작했다. 한편으로는 우리 교회에서도 이러한 성령의 역사가 일어나게 해 달라고 기도했다.

우리 교회에서도 이 사역이 시작되었다. 맨 처음에는 한 청년과 만나 상담을 하고 기도를 시작하자 거품을 내면서 쓰러졌다. 청년은 자신을 통제하지 못하고 드러누워 침을 뱉으며 악한 영과의 싸움을 했다. 나는 인카운터 수양회에서의 경험대로 한 과정, 한 과정 사역해 나갔다. 이 청년으로부터 시작하여 많은 청년이 성령의 역사를 체험했다. 알파코스에서의 성령 수양회와 인카운터 수양회에서 다양한 성령의 역사가 일어났다. 병을 치료 받기도 하고, 대다수의 청년들이 방언을 하게 되었다. 청년을 중심으로 23차례에 걸쳐 인카운터 수양회를 하면서 젊은 청년들이 거룩한 삶을 살아가는 데 앞장 서고 있다. 이들이 앞으로 믿음의 선배들의 사랑을 받으며 잘 정착하여 우리의 교회를 잘 이끌어 주기를 기대하는 마음이 간절하다.

책짓기 건축술

진정한 책을 만났을 때는 틀림없다.
그것은 사랑에 빠지는 것과도 같다.

_크리스토퍼 몰리

4

나는 날마다
하나님을 만난다

_이은혜

전문 코치, 사업가. CMOE KOREA에서 전문 코치와 전문 강사로 활동했다. 삼성, 포스코, 하나은행, LG, KT, SK, 국방부, 경기도청, 전국 교수회의에서 1:1 코칭, 그룹 코칭 강의를 했다.

MBC 희망특강 파랑새 강사로 리더십 강의를 했으며, 데일카네기연구소에서 부사장을 역임하며 강의와 코칭을 했다. 광운대학교 산업심리학과에서 코칭심리 박사코스웍을 마쳤으며, 현재는 (주)에스앤지파워를 경영하고 있다.

아르헨티나와 페루에 살면서 종종 글을 썼었다. 한국에 나와서 열심히 살며 60세쯤 되면 글을 쓰려고 했었다. 이번 수업이 진행되며 마음을 바꿨다. 쓰면서 내 삶을 정돈하고 하나님이 주신 사명인 문화 사역을 하려고 한다. 글쓰기의 물고를 텄다. 이제 시작이다.

ua332@nate.com

유년의 이야기

한국과 일본이 국교 정상화가 되고 중앙일보가 창간되는 해, 2월 28일 성내동 204번지에서 태어났다. 15살 위인 홀아비와 결혼한 엄마는 나를 첫 아이로 낳았다. 덕분에 배다른 오빠 둘, 언니 둘이 있는 상태에서 다섯 번째로 태어났다. 아버지와 엄마는 내가 배 속에 있을 때 성령세례를 받았다. 그래서 내 이름은 은혜라고 정하게 되었다. 그래서인지 예배 시간에 찬송만 나오면 방긋거리고 손뼉 치며 옹알이로 따라 불렀다고 한다. 두 살 때 남동생이 태어났다. 외할머니가 와 계셨는데 아들이 태어났다고 아주 좋아하셨다. 남동생은 내가 갖고 있지 않은 고추라는 것을 달고 태어났다. 갈색 한지가 벽지로 있던 따스한 방에서 엄마는 동생에게 젖을 먹였다. 어른들이 돌아가며 좋아했다. 땅에 뒹굴며 나도 고추 달아 달라고 울었다. 일주일 동안 외할머니 등에 업혀서 고추 사러 성내시장에 다녔다.

"고추 있습니꺼? 우리 외손지 고추 달아 줘야 됩니더."

할머니 등에서 눈물이 그렁거리는 눈을 하고 고추 살 돈을 꼭 쥐고 있었다. 시장 어른들이 너도나도 웃었다.

"너도 사서 달게?"

고개를 끄덕였다. 그들은 외할머니와 나를 보며 즐거워했다. 단번에 성내시장 유명인사가 됐다. 아이들이 많아 양육이 힘들다고 5살 때 창녕 길곡리 외할머니네로 가게 됐다. 쌍둥이 이모와 5명의 외삼촌과 지내게 됐다. 쌍둥이 이모 중 한 명은 매일 아파서 누워 지냈다. 폐병이라고 했다. 부곡에서 하늘까지 닿아 있도록 높았던 산 두 개를 넘어야 갈 수 있는 첩첩 산골이었다.

나와 나이차가 많지 않던 짓궂은 외삼촌들 때문에 매일 울었다. 서울에 가고 싶었다. 외삼촌들은 서울 구경시켜 준다고 귀를 잡고 올렸다. 많이 아팠다. 웃는 게 이쁘다고 간지럼을 태웠다. 간지럼을 많이 타던 나는 딱 죽고 싶었다. 엄마가 너무 보고 싶어서 동구 밖 호박밭을 보고 있으면 호박 씌우개가 아부지, 엄마로 보였다. 하얀 한복을 주로 입던 엄마와 까만 양복을 입은 아부지가 나를 데리러 오는 신기루가 되었다. 외할머니가 일하고 있는 곳으로 가서 엄마 오는 것 같다고 몇 번이나 말하곤 했다. 그 동네 유일한 군것질거

나는 날마다 하나님을 만난다 / 이은혜

리는 갓 나와 보송한 흰 솜털이 있는 강아지풀과 싱아였다. 가끔 외삼촌들이 잡아오는 토끼와 꿩도 아주 맛있었다.

땅부잣집 아들로 어려움 없이 살아오셨던 아버지는 친구들에게 홍수로 자주 물이 차던 풍납동 땅콩 땅을 거저 빌려 주어서 뺏기거나 성내동과 천호동에 여기저기 있던 땅을 팔면서 지내셨다. 아버지는 무능하셨고, 우리들을 벌어 먹여 살리려고 노력을 많이 했지만 잘 살았던 옛 기억에 의존해서 한방에 되돌리려고 했다. 그래서 우리 식구 모두 힘들었다. 생활력이 비교적 강한 엄마와 조용하고 순한 아버지는 늘 투닥거리셨다. 아니 아버지는 답답해하는 엄마에게 일방적으로 당하셨다. 그 시절 엄마와 아버지들이 그러셨듯 온갖 잡일을 많이 하셨고 중간중간 돈도 꽤 벌어들이셨던 적도 있었다.

아버지는 원단을 주로 파셨던 것으로 기억된다. 아버지의 착함으로 식구들이 고생을 많이 했다. 어느 날은 집도 뺏겨 쫓겨나게 된 적도 있었다. 그 많은 식구들이 어디에서 살까 하며 돌아다니다 성내동 동네 쓰레기가 쌓여 있던 곳에 천막을 친다고 했다. 그 땅도 아버지 땅이라고 했다. 우리 식구들은 하루 종일 돌을 고르고 쓰레기를 치웠다. 연탄재를 다 깨서 바닥에 깔았다. 밤이 오기 전에 천막이라도 칠 수 있으려면 서둘러야 했다. 아주 붉고 내 새끼손가락만큼 굵은 지렁이가 발가락 사이를 지나갔다. 거기는 지렁이 밭이었다.

절대로 여기에는 있지 않겠다고 울었다. 아버지는 천호동에서 국수 공장을 하는 작은 아버지 집에, 울어서 눈이 퉁퉁 부은 나를 데리고 갔다. 하얀 국수가 빨래처럼 곳곳에 널려 있었다. 작은아버지는 형은 왜 맨날 그렇게 사느냐며 싫은 소리를 하고 있었고, 사촌 오빠는 사탕을 먹으며 텔레비전을 보고 있었다. 텔레비전에는 악당을 물리치는 황금박쥐가 날아오르고 있었다. 얼마간 돈을 구한 아버지는 식구들을 데리고 어느 집으로 들어갔다. 지렁이 밭 천막이 아니라 집이어서 좋았다.

초등학교 1학년이 되자 서울 집을 팔고 성남 도시건설에 발맞춰 달나라 촌으로 이사를 갔다. 산꼭대기에 있는 땅이었다. 우리보다 높은 동네는 별나라촌이라고 했다. 집 지으려고 산을 깎은 동네는 허허벌판이었다. 아버지와 엄마는 콧노래를 부르며 진흙을 개서 벽돌을 만들었다. 그리고 방 몇 개가 있는 집이 완성됐다. 아버지와 엄마가 바쁘면 큰오빠는 김치가 들어간 벌건 수제비를 맛있게 끓여 주었다. 그리고 낮에는 도시로 내려가서 아이스케키 통을 들고 다니며 장사했다. 아주 가끔 우리들 먹이려고 남은 아이스케키를 가져왔다. 머릿속까지 시원해지는 신기한 달콤함이었다.

아버지와 엄마는 밭도 경작하게 됐다. 고슴도치가 밭에서 놀다가 아버지와 엄마에게 잡혀 왔다. 아버지는 가시를 곤두세운 두 마리를 들고 창경원까지 가서 팔려고 했지만 못 팔고 그 앞에서 노점을 펼쳐 지나가는 사람에게 팔았다. 우린 그 돈으로 오랜만에 고기가 들어간 미역국과 하얀 쌀밥을 먹었다.

엄마는 솜씨가 좋았다. 재봉틀을 구해서 옷을 만들어 팔기도 했다. 내 옷은 대부분 엄마가 만들어 주셨다. 동네에서 버려지는 모든 실이 들어간 스웨터 종류는 엄마의 손에서 재창조되었다. 우리 바지가 되거나 치마가 되거나 스웨터가 되었다. 엄마는 자주 넘어지는 나를 위해 무릎에는 꼭 십자가 무늬를 넣어야 직성이 풀렸다. 내가 싫어하는 것을 눈치 챈 엄마는 엉덩이 부분에 십자가 무늬를 새겼다. 내 옷에 십자가 무늬가 없는 것은 거의 없었다. 온통 분홍색 꽃무늬가 있는 천으로 원피스를 만들어 줬을 때 세상에서 그렇게 예쁜 옷도 있었나 싶어서 잠을 못 잤다. 작은 언니랑 쌍둥이처럼 똑같은 그 옷을 입고 교회 소풍에 가서 재롱을 떨었다. 주먹만 한 빨간 꽃이 달려 있는 핀을 상으로 받았다.

2학년 때 성남 시내로 이사갔다. 이사를 간다고 해서 한 번 갔던 집은 시장을 지나야 갈 수 있는 곳이었다. 버스비가 10원이었다. 처음 버스를 타고 새로운 동네로 통학하게 됐다. 학교에 등교할 때 집이 이사했다. 방과 후 새로 이사 간 동네로 갔는데 시장이 온통 거기가 거기였다. 우리 집이 어디 있는지 전혀 몰라서 당황했다. 어려서 내가 길치인지 모를 때였다. 그때 우연히 아버지와 마주쳤다.

"우리 은혜 왜 집에 안 가고 여기 서 있어?"

"으앙~ 아부지~ 집이 어딘지 몰라서…."

"에구, 우리 귀한 딸 잃어버릴 뻔했네."

시장 옆에 흐르던 개천은 지저분했다. 아이들과 개천에서 놀다 보면 우유통과 빈 깡통들, 죽은 쥐와 강아지, 탯줄까지 달려 있는 작은 아기 시체도 가끔 떠내려왔다.

한 반에 100명이나 되는 콩나물시루 같던 학교에서 2학년을 다녔다. 음악시간에 나와서 노래를 하라고 했지만 부끄럽고 누구 앞에 선다는 것이 두려워서 울었다. 저팔계같이 들창코인 짝꿍 남자애가 손을 번쩍 들었다.

"내가 얘 대신 노래를 부를게요."

"오 그래, 우리 친구를 위해 노래 부르는 용기 있는 왕자님께 박수 크게 쳐 주자."

그 아이는 풍금 소리에 맞춰서 노래를 불렀다.

"잠자리 날아다니다 장다리 밭에 앉았네. 살금살금 바둑이가 쫓다가 놓쳐 버렸네. 짖다가 놓쳐 버렸네."

그 친구가 위대하고 멋져 보였다. 나도 앞에서 노래를 부를 수 있는 용기가 있었으면 좋겠다고 생각했다. 동네 아이들과 집 앞에 앉아 빨래판으로 기타 흉내 내며 목청 키워 노래를 부르기 시작했다. 아는 노래는 주로 찬송가였다.

"울어도 못 가네 눈물 많이 흘려도."

큰길 건너에는 허허벌판이었고 공사 중인 건물이 군데군데 있었다. 우리들에게 좋기도 하고 위험한 놀이터였다. 엄마가 동생을 찾아오라고 했다. 사다리 위에 있던 동생보고 내려오라고 했지만 약만 올렸다. 잡으러 올라가다가 커다란 못에 종아리가 찢어졌다. 하얀 뼈가 보였다. 병원에 갈 돈이 없던 엄마는 그저 '아까징끼'라는 빨간 물약과 미군부대에서 얻어왔다는 하얀 가루약으로 찢어진 살을 채웠다. 흉터는 크게 남았지만 새살이 돋으며 금방 나았다.

비오는 날이면 파란 도깨비불이 대여섯 개가 공중에 날아다녔다. 한 개구진 애가 오줌을 누면 도깨비불이 쫓아온다고 했다. 호기심 많은 우리는, 남자들은 서서 오줌을 누었고 여자들은 앉아서 일제히 절벽 끝에서 오줌을 누었다. 계집애 같이 행동하던 합죽이라는 별명의 아이는 남자인데도 앉아서 누었다. 이윽고 파란 도깨비불이 합쳐졌다 분리됐다 하면서 방향을 틀었다. 우리 쪽으로 오는 것 같았다. 우린 오줌을 누다 말고 기겁했다. 엄마를 부르며 일제히 도망쳤다.

그러다 울면서 도망가는 서로의 모습들이 웃겨서 깔깔대고 웃었다. 그해는 베트남전쟁이 종결짓는 해였고, 서울 능동에 어린이대공원이 문을 여는 해였다.

이야기 해 봐요

"나이 먹으니 키가 줄어."

감동의 얼굴로 그를 쳐다볼 때 툭 던지는 그 멘트는 빵 웃음이 터지게 했다.

80세가 넘은 나이에 보여 주는 친구 아버지의 열정은 주위를 행복하게 한다. 3년씩 흥미로운 분야를 공부하며 책을 쓴다. 목표는 하나다. 자신의 키만큼 책을 쓴다는 것이었다.

호기심의 우물이 깊어짐으로 한번쯤 정리를 하고 싶어진다고 했다. 배운다는 즐거움은 다양한 물감으로 나를 색칠하는 것과 비슷하다. 그의 이야기는 그래서 늘 흥미진진하다.

공부하며 쓴 글은 감동을 준다. 게다가 오랜 전문성을 가진 사람에게서 나오는 글은 진한 엑기스를 마시는 느낌도 있다. 공부로 눅진 세월이 느껴져 희열을 준다.

글의 재료가 되는 이야기는 공부 이외에도 다양하다. 음악, 소품, 장소, 인물, 텍스트 등을 사용할 수 있다. 그 안에 감성의 역사가 있기 때문이다. 이 감성의 재료들에 대해 말하고 싶다.

첫째, 음악에 들어 있는 나의 이야기는 뭐가 있을까? 음악에 묻어 있는 스무 살 발랄했던 여대생의 치기, 청바지에 레이스를 입은 파격적 패션의 마돈나가 떠오른다. 그녀의 노래는 우리를 들뜨게 했었다. 그리고 아릿하게 가슴 한 켠에서는 그가 웃고 있다. 지금은 세상에 없는 그가 기타를 치고 있다.

"파도가 부서지던 바위섬 인적 없던 그곳에…."

살짝 눈을 감은 이마 위로 몇 가닥의 머리카락이 설렘과 아릿한 그리움을 준다.

CBS 내적치유 글쓰기 방에서 우리는 이야기가 들어 있는 것에 대해 말해 본 적이 있다.

"저는 Like a virgin을 들으면 친구들과 놀았던 청량리 전철역, 회기동 그리고 문리대가 떠오르며 이야기가 생각나요."

찬송가가 떠오른다는 분도 계셨다. 그 찬송가에는 지금의 사랑하는 아내와의 첫 만남의 달콤함이 베어 있다고 했다. 찬송가, 우리 아부지가 떠오른다. 밥상 앞에서 늘 '복의 근원 강림하사'를 부르셨던, 다 큰 나를 업고 새벽기도를 다니셨던 우리 아부지. 아버지 커다란 발에 내 발을 얹어서 두 손 맞잡고 걷기를 해 주기를 좋아하셨다.

둘째로 소품에 대해 나눠 보았다.

"스토리가 들어 있는 소품이 뭐가 있을까요?"

"옥수수빵"

"학교에 가면 옥수수빵을 학교에서 급식으로 주었죠. 난 그 빵을 먹지 않고 집으로 가져갔어요. 오빠들이 4명이나 있었는데, 빙 둘러 앉아 너무 좋아하며 나눠 먹었죠."

"우리도 옥수수빵 많이 먹었어요. 우리 같은 세대네요. 옥수수빵 세대."

그렇게 옥수수빵으로 친구가 되었다.

친구에게서 선물 받은 목도리. 엄마에게서 받은 핸드백, 동생과 나눠 쓰던 필통, 많은 물건의 이야기거리를 도란거리고 있었다.

내게는 이야기가 들어 있는 소품으로 무엇이 있을까?

19년 된 티와 10년 된 청바지

내가 좋아하고 아끼던 회색 티와 청바지에 관한 이야기다.

1987년, 아르헨티나로 이민을 떠나던 나는 만삭의 몸이었다. 여름 회색 티를 수원 남문 백화점에서 사 입었다. 굵고 하얀 선으로 커다란 말이 등판에 그려져 있고 모자가 달려 있었다. 커다란 박스 티는 임산부에게 적당한 가리개가 되어 주었다. 그 티는 아르헨티나에서 유용하게 입혀졌다. 수유부에게도 적당했다. 그 뒤로 둘째 아이를 낳고 셋째 아이를 낳을 때까지 아껴가며 입는 티가 되었다. 어느덧 첫 아이인 아들이 커서 중학생이 되었을 때 그 티를 입고 나왔다.

"엄마, 이 티 아주 맘에 드는데요."

"그거 네가 엄마 배 속에 있을 때 엄마가 입던 거야."

"와아~! 그런 역사가. 아주 맘에 드는데요."

둘째 딸이 중학교를 가더니 "이건 내꺼야."를 선언했다. 아들은 양보했다. 딸에게도 잘 어울리는 회색 박스 티였다. 아이들은 소중한 우리 가족의 역사라고 잘 접어서 서랍 속에 보관했다.

8년 반을 살았던 아르헨티나를 떠나 페루로 이사가게 되었다. 돌이켜 생각해 보니, 아르헨티나에 살면서 제대로 된 옷을 사 입어 본 기억이 없었다. 우리가 옷 공장을 운영하기도 했지만, 친구들도 대부분 옷 공장을 하거나 옷가게를 하기 때문에 얻어 입게 되었다. 서로 아껴 주려고 제대로 된 옷보다는 어떤 하자가 있어 팔지 못하게 된 것을 입게 되었다. 시간이 지나서 보니 그런 것이 후회가 되었다. 내 옷장을 차지하게 된 옷 대부분이 하자투성이였다.

"제일 예쁘고 잘난 옷으로 입을 걸…. 그렇게 아웅다웅 살지 않아도 될 것을…. 그저 가끔 내게 제대로 된 옷을 선물해 주어도 됐을 것을…. 그렇게까지 돈이 없었던 것은 아닌데 왜 그랬을까?"

이런저런 후회와 아쉬움이 몰려왔다.

미국산 청바지를 하나 사 입었다. 의외로 기분이 상당히 좋아졌다. 제대로 된 옷을 돈 주고 사 입은 것이었다. 아르헨티나를 떠나 페루로 가면서 그 바지를 입고 갔다. 페루에서 살면서 유화를 배우게 되었다. 그림을 그리다 보면 물감이 옷에 묻게 되니 낡은 옷을 찾게 되었다. 미국산 그 청바지가 눈에 띄었다. 오래된 청바지는 그렇게 미술가의 작업복이 되었다.

단풍을 좋아하기에 한국 방문은 가을에 맞춰서 오곤 했었다. 그래서 한국의 봄을 20년이 다 되도록 보지 못했다. 고향에 대한 그리움, 벚꽃과 진달래, 개나리가 사무쳤다. 화폭에 그들을 넣다가 바지에 물감이 묻어 버렸다. 내친김에 청바지에 봄을 그려 넣었다. 청바지도, 나도 봄으로 변해 버렸다. 내 역사가 숨겨져 있는 소중한 티와 청바지였다.

인생 키워드

나의 인생 키워드는 사랑, 감사, 지혜, 행복이다. 그중 가장 좋아하는 단어는 지혜다. 삶의 판단 기준이며 목표이기도 하다. 아이를 교육할 때도 지혜롭지 못할 때는 염려가 앞선다. 어릴 적 주일학교 설교시간에 솔로몬의 지혜에 대한 이야기를 듣고 나서 사모하기 시작한 것 같다. 시험을 보기 전에도 지혜를 달라고 기도했다. 내게 어려운 일이 닥쳐왔을 때, 내가 어떻게 지혜롭게 행동해야 하는가를 하나님께 구했다. 지혜는 내 인생의 중요한 키워드다.

내게 감성을 일으키는 장소는 어디일까? 요즘은 우리 공장에 많은 이야기가 있다. 5년 동안 회사를 경영하며 굴곡을 갖게 되었다. 직원들과의 불화, 돈이 없어서 발을 동동 굴러야 했던 시간, 속이 새카맣게 타들어가 집에도 못 가고 늦은 밤까지 앉아 있는 내 의자, 내 책상, 인문학도로서 전기업종의 기계를 제조해야 하기에 무서웠다. 두려움이 문득 들게 되면 염려와 걱정으로 하얗게 밤을 새게 되었다. 온갖 시나리오가 완성이 되었다 지워졌다를 반복했다. 그렇게 6개월 불면의 시간을 보낸 적도 있다.

하루에도 몇 번씩 포기하고 싶은 맘이 굴뚝같았다. 직원 의자의 주인들은 바뀌어 갔고 그때마다 상처를 입었다. 그래도 전진, 성장, 그렇게 앞만 보고 달려 왔고, 달리고 있다. 어느 날 70대의 우리 어머니와 동갑인 여자 목사님을 만나게 됐다. 그녀는 내게 주문처럼 기도하기를 권했다. 이미 불면으로 얼굴이 까맣게 타들어가고 있었다. 주말과 밤, 새벽에 회사에 나와 큰 소리로 울부짖는 기도를 하기 시작했다. 찬송가도 불렀다. 장비를 잡고, 부품을 부여잡고 기도했다. 이 기계를 만드는 사람, 쓰는 사람, 추천해 주는 사람, 파는 사람 모두에게 하나님이 주시는 놀라운 복이 임하기를 기도하고, 기도했다. 의자를 부여잡고 기도했다. 의자의 주인공이 일을 할 때 지혜를 주시고, 정직을 주시고 사랑을 달라고 기도했다. 그래서 우리 공장은 기도가 쌓여서 포근하다. 방문자들은 공장답지 않다는 말을 하신다. 지금도 여전히 해결해야 할 문제가 산적해 있지만, 여호와께서 주신 평안으로 감사하고 있다. 최선을 다하지만 가라면 가고 서라면 서는 것이다.

사랑하는 사람들

사랑과 이별이 묻어 있는 그 재잘대던 여고시절을 같이 보냈지만 여러 이유로 먼저 하나님 나라에 간 사람들. 내게 부모로서 온전히 사랑을 퍼부어 주었고 주고 있는 우리 아부지, 우리 엄니.

며칠 전 대학 동창이 고등학교 3학년 때 엄마가 갑자기 돌아가신 이야기를 페북에 올렸다. 우리 엄니의 존재를 잊고 사는 나를 발견했다. 엄마랑 저녁을 먹었다. 아주 맛나게 드시고 남은 반찬 싸 가신다고 하셨다. 평소 같으면 좋은 음식만 싸시라고 했을 텐데 통을 네 개 더 달라고 주문했다.

"엄마, 싸고 싶은 거 다 싸세요."

완전 신이 난 엄니, 좋아하는 박하사탕도 한웅큼 집어 주머니에 넣어 드렸다. 언젠가 박하사탕과 갈비를 보면 우리 엄니가 그리워질게다. 엄니는 박하사탕과 갈비의 이야기를 품고 있기도 하다.

스토리의 재료들은 다양하게 음악, 소품, 공간, 레제텍스트, 인물 등으로 말을 걸어온다.

"우리 이야기 좀 해요."

서로 다름에

"한 공장에서 제조된 것들인데 왜 그리 다른지 몰라"

지인이 본인의 딸과 아들을 비교하며 말했다. 공감했다. 우리 집 상황도 비슷하다. 자기 주장 강한 막내딸에 비해 큰딸은 고분고분 순종적이다.

무엇이든지 "네 엄마 알았어요. 와 너무 좋아요." 반응을 해 준다. 대학 동창과 같이 밥을 먹고 나오는데 큰딸이 내 핸드백을 들고 앞장서서 걸었다.

"어머, 넌 왜 니네 엄마 가방을 네가 들어?"

"우리 엄마 힘드실 거 같아서요."

"못 말린다. 딸이 있으니까 넌 좋겠다. 난 아들만 있으니까 이런 맛이 없어."

그랬다. 그때 아들과 딸의 차이를 알았다.

페루에서 고등학교를 마친 막내딸이 대학은 한국에서 다니고 싶다고 했다. 막내는 초등학교 3학년 때부터 나와 떨어져 지냈다. 얼마나 보고 싶던 내 딸인가? 막내와 같이 산다는 생각을 하니 많이 설레였다. '이걸 사 놔야 하나?' '저걸 사 놔야지?' 하며 막내딸을 맞이했다.

"엄마, 신기해요. 간판이 다 한국말이에요."

"와, 엄마, 다 한국 사람들만 이렇게 몰려 다녀요."

장터국수를 먹었다. 조개찜도 같이 시켜 먹었다. 국수집 벽에는 낙서투성이였다. 막내도 한국에 온 기념이라고 볼펜을 들더니

'엄마랑 한국에서 장터국수' 하트까지 뿅뿅 그렸다. 기뻤다. 감사했다. 꿈같았다. 우리 사이에는 아무런 벽이 없을 줄 알았다.

기타를 하나 사 줬다. 노래를 잘 불렀다. 혼자 배운 기타 실력도 꽤 됐다. 자기가 작곡한 노래라고 밥 먹고 있으면 앞에서 불러 주었다. 막내는 아빠와 엄마가 헤어진 걸 모르고 있었다. 고백을 해야 했다. 충격을 받은 아이는 반항을 하기 시작했다. 무릎 꿇고 아이에게 사죄를 했다.

"엄마가 잘못했다. 어쨌든 핑계를 대지 않겠다. 너를 두고 온 것은 엄마가 진심으로 미안하다. 잘못했다. 정말 너에게 엄마로서 미안하다. 미안하다."

그럼에도 막내와 사이는 점점 벌어져 갔다. 우리 둘은 서로 사랑하지만 서로 상처를 자꾸 주게 되었다. 나도 점점 강압적으로 말하게 되었고, 막내는 점점 나를 떠나 있고 싶어 했다. 서로 노력을 하고 있지만 때때로 터져 나오는 막내딸의 반항기는 나를 당황하게 했다.

막내딸은 막내로서만 자라서 배려해 준다는 것을 잘 몰랐다. 무슨 짐을 들고 가게 되더라도 딱 반을 나눠서 나보고 들으라고 했다. 대신 뭘 해 줘야 하는지, 내 가방까지 들어주는 큰딸과 자연스럽게 비교가 되었다. 가르치려고 하는 나와 간격은 벌어졌다. 조금이라도 강하게 말하면 대들었다.

"엄마, 나 또 버리려고 하는 거예요?"

기가 막힌 대응이었다.

"난 널 버린 적이 없어. 난 항시 너희들을 위해 일하고 버텨 오고 돈 번 거 다 너네들한테 썼어."

아주 사소한 일로 부딪치는 일이 많았다. 상처 주고 화해하는 일을 반복하게 되었다.

"너, 왜 그래. 왜 이리 엄마를 힘들게 해."

"모르겠어요. 사춘기인가 봐요."

"너 갱년기와 사춘기가 맞짱 뜨면 누가 이기는지 알아?"

갱년기 엄마의 마지막 한 수를 말해도 끄떡없이 자리를 지키는 사춘기 딸, 결국 엄마인 내가 미안하다고 사과하게 되곤 했다. 마음에 상처를 주었던 예전 이야기로 돌아가기 때문이다. 결국 속으로 들어가면 내 탓인 게다.

며칠 전, 우리 회사에서 탈북민 목사님이 오셔서 예배를 드리게 되었다. 귀한 시간이라 두 딸이 그분의 간증을 들었으면 싶었다. 시간 약속을 잡았다. 다행히 둘 다 시간이 괜찮다고 했다. 아침에 나오면서 둘에게 다짐을 받고 나올까하다 곤하게 자기에 두고 나왔다. 오후에 먼저 큰딸에게 전화했다.

"오늘 우리 회사에서 예배 있는 거 알지?"

"헉. 잊어 먹었어요. 어떡하죠, 엄마."

"응, 귀한 시간이니까 늦더라도 와라."

"네. 엄마."

막내딸에게도 전화를 했다. 스페인어 과외를 하고 있었다. 아이는 조용히 전화를 끊으려고 했다.

"오늘 우리 회사에서 예배 있는 거 알지?"

"아뇨."

"너 시간 된다고 했었는데."

"저 일정 있어요."

"귀한 시간이라, 바꿀 수 없니?"

"일정이 있어서 안돼요."

"알았다."

큰딸은 오고 막내딸은 오지 않았다. 안타까웠다. 둘은 그렇게 다르다. 탈북민 목사님은 우리가 어떤 모습이든지 우리를 사랑하는 하나님에 대해서 설교했다. 우리가 능력의 하나님, 뭔가 해결사이신 하나님을 믿고 기도하는 우리들 모습에 대해서 말했다. 온전히 하나님의 아름다운 성품, 그의 깊은 사랑에 감사하는 하나님에 대해서 얼마나 기도하고 있는지 물었다. 내 아이들에 대해서 깊이 생각을 하게 됐다. 내가 큰딸을 더 사랑하는 것은 아니다. 둘 다 사랑한다. 말 잘 듣는다고 더 사랑하고 말 안 듣는다고 덜 사랑하는 것은 아니었다.

큰딸은 말을 잘 들어 줘서 고맙고 막내딸은 내 말을 잘 안 들어 줘서 염려되고 안타까운 것이었다. 저녁에 책을 들고 침대로 들어오는 딸에게 말을 걸었다.

"사랑해, 딸. 네가 잘났든 못났든, 잘하든 못하든, 어떤 모양이든지 내가 너를 사랑해."

막내는 멀뚱멀뚱 쳐다보았다.

"네가 뭘 못한다고, 너를 사랑하지 않는 게 아니고 네가 엄마 말을 잘 듣는다고, 공부를 잘 한다고 더 사랑하는 건 아니야. 그냥 너를 있는 그대로 사랑한단다. 네가 그걸 알아 줬으면 좋겠어."

"네."

마음이 전달이 됐을까? 궁금하지만 생각하지 않기로 했다. 그냥 온전히 사랑하자. 사랑하고 있는 것을 표현하자. 그러다 보면 서로에게 더 가까이 다가와 있는 걸 발견하겠지. 나와 막내가 다르고, 막내와 큰딸이 다르다. 서로 다름에 기준도 다르다. 인정해 주며 있는 그대로의 모습으로 사랑해 주기로 했다.

하나님 만나기

엉뚱하고 신비주의자로 보일지 모르지만 은사체험에 관한 솔직한 이야기를 하고 싶다. 삼위일체 하나님. 이 세상을 창조하신 말씀의 하나님, 나를 위해 목숨까지 내어 주신 구속의 예수님, 영으로 오시는 성령님을 믿는다. 그러므로 나를 성령체험에만 치우친 사람으로 보지 않기를 당부한다.

하나님은 내게 중학교 2학년 때 방언의 은사를 주셨다. 그리고 간구한 적은 한 번도 없었지만 엄청난 여러 가지 은사를 폭포처럼 쏟아부어 주셨다. 대학교 2학년 수련회 때였다.

10명 정도 빙 둘러앉아 기도를 시작했는데 잠바만 입은 형사처럼 생긴 사람이 옆에 앉았다가 앞쪽에 앉았다가 땅으로 꺼졌다가 했다. 하체가 없었다. 얼굴도 컴컴했다. 이목구비가 전혀 안 보였다. 어릴 적 엄마가 가르쳐 주셨던 기도를 했다.

"우리 주 예수 그리스도 이름으로 명하노니 물러갈지어다."

사라져 버렸다. 귀신이었다. 나중에 경험해 보니 그렇게 기도를 하면 귀신들은 사라져 버렸다. 기도회가 시작이 되면서 입신을 경험하게 되었다. 몸이 흔들흔들 움직였다. 넘어지지 않으려고 애를 썼다. 부흥사가 와서 내 이마를 손가락을 살짝 밀며 말했다.

"자의식이 너무 강해."

쓰러졌다. 내가 빠져나와 누워 있는 나를 바라보았다. 오른쪽에는 흰색 긴 옷을 입은 천사가 있었다. 일반 어른보다 덩치가 큰 느낌이었다. 손을 내밀기에 오른손을 그 위에 얹었다.

컴컴한 우주로 날아갔다. 별이 보이고 각종 문양이 보였다. 구부러진 반달칼 모양이 이리저리 보였다. 문 모서리도 보였다. 그리고 기도회가 끝나 다시 일어났다. 두 번째 전체 기도회가 시작됐다. 다시 입신을 했다. 천사가 와 있었다. 손을 내밀었더니 다시 내가 갔던 그곳으로 데리고 갔다.

첫 번째로 보았던 문양은 그 문을 열고 들어가서야 지옥문의 문양인 것을 알게 되었다. 10년 후 텔레비전에서 한국의 어느 유명 패션디자이너의 패션쇼에서 그 똑같은 문양이 자켓과 드레스 앞부분에 휘황찬란하게 새겨져 있는 것을 보았다.

'아니 저 사람은 저 문양을 나처럼 지옥에 가서 보고 온 걸까?'

너무 궁금했었다. 그 문양이 있는 지옥문으로 인도되어 안으로 들어갔다. 뼈에 가죽만 남은 수많은 사람들이 처참한 몰골로 물을 달라고 아우성대는 곳보다 1미터 정도 위를 1킬로미터 정도 날아갔다. 무섭기도 하고 불쌍해서 안타깝기도 했다. 그들은 심히 괴로운 표정이었다.

어느 황토로 만든 커다란 토굴로 인도되었다. 바깥 환경보다는 그나마 조금 더 깔끔했다. 한아름 되는 크기의 웅덩이가 있었고 아주 더러운 누런색 똥물이 가득 차 있었다. 오른쪽 벽에는 그 사람이 지었던 죄상이 낱낱이 적힌 것이 자막 올라가듯 보였다.

이윽고 거기를 지키는 사람이 나오라고 했다. 놀랍게도 똥물을 뒤집어쓰고 올라온 사람은 뼈에 가죽만 붙어 있었다. 더러운 똥물이 얼굴에서 흘러내리고 있었다. 경악했다. 나였다. 나이는 많아 보였지만 분명히 나였다.

'내가 저렇게 많은 죄를 지었다는 말인가? 앞으로 지을지도 모른다는 말인가?'

두렵고 무서웠다. 회개하고 또 회개를 했다.

다음 입신에 그 천사가 말을 걸었다.

"천국도 보고 싶어요?"

얼른 손을 잡았다. 빛이 찬란한 구름바다 위를 걸어갔다. 죄가 많아 허벅지까지 빠졌다. 도저히 걸어갈 수가 없었다. 하나하나 다 회개했더니 점점 몸이 위로 올라왔다.

빛의 성에 도달했다. 문 앞에서 내가 전도한 사람들과 잔치에 참여하게 되었다고 했다. 자신 있었다. 모태신앙인으로서 내가 얼마나 전도를 많이 했는가. 하지만 오는 사람이 없었다. 내가 전도한 사람 중에 구원받은 사람이 없다고 했다. 한참을 기다렸더니 두 사람이 겨우 오게 되어 같이 들어가게 되었다.

많은 층이 위로 쫙 있었다. 1층과 2층 사이에 무지개가 걸쳐져 있었다. 사람들이 그 무지개를 타고 올라갔다. 천사가 물어왔다.

"타 보고 싶나요?"

너무 타고 싶다고 했더니 내 손을 잡고 날아 무지개에 올려 주었다. 에스컬레이터처럼 스르르 올라갔다. 2층은 풀밭 평원이 펼쳐져 있었다. 가운데에는 작은 시내가 흐르고 있었다. 물의 맑기는 정말 형용할 수 없을 정도로 맑고 깨끗했다. 나무 한 그루가 서 있었다. 그 잎사귀의 색은 초록과 연두의 중간 정도 되는 색인데 그 초록색 안에 생명이 가득 들어 있어 아주 아름다웠다. 나무에는 빨간 색의 열매가 주렁주렁 열려 있었다. 복숭아와 사과를 섞어 놓은 것 같은 과일이었다.

잔디밭에는 30–40명 정도의 작은 영혼들이 종기종기 모여 있었다. 바위가 있었다. 그 바위에 맑고 하얀 긴 드레스를 입고 눈이 까만 두 영혼이 앉아 있었다. 한 명은 키가 크고 한 명은 그보다 작았다. 둘 다 머리에 노란 금 면류관을 쓰고 있었다. 키가 큰 영혼과 눈이 마주쳤다. 나였다. 천국에 앉아 있었다. 감격이었다. 머무르고 싶었다.

다음날 새벽기도 시간에는 환상을 보여 주셨다. 흰색 옷 입은 영혼들이 자꾸 보였다. 주 예수 그리스도 이름으로 물러가라 해도 자꾸 보였다. 어마어마하게 몰려들었다. 하늘이 열리며 나팔도 보이고 구름 사닥다리도 보였다. 날개달린 천사들이 오르락내리락 했다. 그 위에는 보좌에 앉으신 예수님이 보였다. 이름이 불린 영혼이 하늘로 올라가는 데 수천만 명 중에서 하늘로 불려 올라가는 영혼은 아주 드물었다. 나팔도 보이고 산도 바다도 검정으로 변했다가 팥죽 끓듯 했다. 두 시간에 걸친 영화였다. 요한계시록을 펼쳐 보니 맞았다. 요한계시록을 환상으로 본 것이었다. 얼마 후 친구 교회에 새벽기도를 가게 됐다. 손을 들고 기도하고 싶어져 손을 높이 들었다. 하늘까지 이어지는 한아름 굵기로 노란색이 살짝 들어간 빛 기둥이 생겼다. 평안과 기쁨이 샘솟았다.

또 우리 교회에서 새벽에 기도를 드리는데 하늘에서 창으로 만들어진 십자가가 내려왔다. 무수한 빛으로 만들어진 것이었는데 그 빛의 창들이 나와 어느 여고생 위로 내려왔다. 이런 경험들을 말하면 이상하게 볼까 봐 입을 다물고 있었다. 그 경험이 있은 뒤로 눈만 감으면 다른 사람 속에 있는 마귀의 숫자와 종류가 보였고 돌아다니는 귀신도 보였다. 그들의 표정까지 다 읽을 수 있었다. 기도에 집중하는 것이 어려웠다.

책짓기 건축술

우리 동네 어귀에는 예전부터 서낭당 같이 제사를 지내는 우물 터가 있었다. 그 위 전선 줄에 세 마리의 마귀가 앉아 있었다. 맨 오른쪽 마귀는 노란 각시탈을 닮았다. 눈빛과 입모양이 매우 기분 나빴고 음란마귀라는 것을 본능적으로 알았다. 어느 날 우리 교회 여고생이 목사님께 질문을 했다.

"목사님, 제가 요즘 기도를 못하겠어요. 자꾸 마귀와 귀신들이 보여요."

나와 같은 경험을 하고 있었다. 환상으로 보았던 빛 십자가를 나와 같이 찍혔던 그 여학생이었다.

"학교에서 오다 보면 우물이 있잖아요. 거기 전깃줄에 마귀 셋이 앉아 있어요."

나와 똑같은 것을 보았다니 놀라웠다. 질문했다.

"어떻게 생겼어? 혹시 특이하게 생긴 것은 없어?"

"음, 하나는 각시탈 같은 걸 쓰고 있어."

"무슨 색이야?"

"노란색"

'아, 이럴 수가. 나만 보인 게 아니었구나. 내가 이상한 게 아니었구나.'

용기내서 나도 말했다.

"목사님, 저도 같은 게 보여요. 저는 다른 사람 속에 있는 마귀의 숫자와 얼굴이 보이고 그 영혼의 타락의 정도가 보여서 흰색부터 회색, 검정까지 다양하게 보여요. 귀신들도 보이는 데 무섭지는 않아요. 그런데 더 이상 이런 것들이 안 보였으면 좋겠어요."

목사님이 말씀하셨다. 하나님이 주신 것은 하나님께 안 보이게 해 달라고 하면 거두어 가신다고 했다. 바로 기도했다. 그 즉시 보이지 않게 되었다. 안심이 되었다. 마음껏 눈을 감고 기도에 집중하게 되었다. 어렸기에 신앙의 신비요 하나님이 선물로 주셨던 특권이었지만 감당하기가 힘들었다. 이러한 신앙 체험은 삶의 고난이 왔을 때 하나님을 배반하지 않게 해 주었다. 천국과 지옥이 엄연히 있는데 내가 어찌 죄를 저지를 수가 있단 말인가.

치유의 은사는 조금 남아서 아픈 사람을 만지게 되면 그 아픔이 내게 들어왔다. 대신 아주 약화되어 들어오는 것 같다. 그 사람은 치유가 되고 나는 며칠을 끙끙 앓았다. 암 말기의 친구가 어깨가 아프다고 해서 주물러 줬더니 그 친구는 어깨가 금방 호전되면서 밥을 두 그릇이나 먹었다. 대신 30분 후 어깨가 무너져 내려 나는 응급실로 가야 했다. 그 친구가 배에 난 종기를 만져 보라고 하며 내 손을 가져가서 만지게 했다. 그날 바로 침이 삼켜지지 않아서 병원에 갔더니 엄지손톱만 한 혹이 생겨서 한 달을 고생한 적도 있다.

얼마 전 친구가 하나님이 주신 은사를 다시 달라고 서원기도를 하라고 했다. 하나님이 쓸 곳이 있어서 주신 것을 왜 도로 거두어 가라고 했냐면서 아깝다고 했다. 일리가 있다고 생각해서 기도했다.

"하나님이 저를 쓰실 때 필요하다면 다시 주소서."

아침마다 성경말씀과 설교를 SNS로 보내 주시고 전화로 기도해 주시는 분이 계신다. 벌써 일 년이 넘도록 하루도 빠지지 않고 해 주시고 계신다. 윤동락 목사님이다. 넘어지지 않고 꿋꿋이 힘내서 가라고 하나님이 내게 붙여 주신 분이다.

얼마 전 우리가 기도를 시작했을 때 예수님이 나타나셨다. 연하늘색 옷을 입은 예수님은 인자한 표정이었다. 커다란 오른손은 윤 목사님 머리 위에, 왼손은 내 머리 위에 얹었다. 우리 셋은 일심동체가 되어 있었다.

'아, 하나님이 윤동락 목사님의 기도사역에 늘 이렇게 같이 해 주셨구나. 이렇게 내 머리에 손을 얹어 주고 계셨구나.'

감동이었다. 윤 목사님께 말씀드렸더니 매우 기뻐했다. 힘이 되고 위로가 많이 된다고 하셨다.

비즈니스 선교사 훈련동기생이 탈북민멘토링프로그램에 동참해 달라고 탈북민 선교를 하시는 분을 모시고 우리 회사를 방문했다. 네 번의 교육을 받아야 하고, 26번 미팅을 해야 하며, 중보 기도

자를 7명을 세워서 기도도 해야 한다고 했다. 요즘 너무 바빠서 좀 나중에 하려고 했다. 그때 하나님의 음성이 들렸다.

"내가 보낸 사람이다."

바로 순종했다.

"네. 하겠습니다."

"언제부터 교육을 받으면 되나요."

목요일에 오면 된다고 했다. 작은 개척 교회였고 예닐곱 명 앉아 있었다. 모두 뜨겁게 기도하며 찬양했다. 공중에 예수님이 나타나셨다. 며칠 전 보였던 그 하늘색 옷을 입은 예수님이셨다. 양쪽에 두 명씩 천사까지 대동하고 나타나셨다. 만면에 미소를 띠고 그 예배를 기뻐 받으시고 계셨다.

마음 다해 기도하면 하나님은 미세한 음성으로 내게 말을 걸어 주신다.

"내 딸아, 너는 내 딸이다."

아침마다 말씀으로 하나님과 만난다. 말씀 묵상하며 내게 말하고 싶어 하는 하나님의 생각을 듣고 내 삶에 적용하려고 노력한다. 나는 날마다 하나님을 만난다.

독서는 가난한 사람을 부자로 만들고,
부자를 고귀하게 한다.

_왕안석, 송나라 개혁정치가

5

독서는
무엇을 바꾸는가?

_이해성

1965년 전라북도 고창에서 5남 2녀 중 장남으로 태어났다. 어린 시절 한학자인 조부에게 천자문과 명심보감을 배웠다. 고려대학교 철학과를 졸업하고 군 생활은 공수부대에서 중대장을 역임했다. 무역 회사에 3년 근무 후 대평상사(주)를 창업하여 20년 동안 무역업을 했다. 지혜롭고 행복한 인생을 만든다는 의미의 솔로몬그룹으로 사명을 바꾸고 무역과 강연, 책쓰기를 하고 있다. 독서 연구가로서 대학교 CEO 과정, 지방행정연수원 고위공직자 과정, 경제인연합회 CEO 과정, 교육청 진로 교사, 한겨레 문화센타, 국립청소년도서관, CBS 방송아카데미 등 수많은 강좌에서 독서의 유익함을 강의했다. 강남구 상공회의소 이사이며, 국제로타리클럽 회원으로 활동하고 있다.

저서로는 『1등의 독서법』(미다스북스)이 있다. 인생의 키워드를 '독서'로 선정하고 독서에 관해 연구하고 있다. 1년에 100권씩 50년간 5,000권을 읽으면 누구나 행복한 인생이 된다는 독서모임 "오거서회"를 창립했다. 솔선수범하기 위해 20년간 5,000권의 독서 목표 세우고 정진하고 있다. 블로그(blog.naver.com/hslee0360 "1등의 독서법 연구소")에 읽은 책은 독후감으로 올리고 있다. 독서에 관한 대화는 언제든 이메일을 통해 열려 있다.

hslee0360@hanmail.net

독서, 운명을 바꾸는 놀라운 마법사

독서는 가난한 사람을 부자로 만들고 부자를 고귀하게 한다.

_왕안석, 송나라 개혁 정치가

학창시절 선생님으로부터 "책을 읽어야 훌륭한 사람이 된다."
는 말을 많이 들었다. 우리도 자녀들에게 "독서하면 성공한 인생이
된다."고 독서를 권유한다. 많은 사람이 독서를 하면 뭔가 잘될 것이
라는 생각을 무의식적으로 갖는다. 독서를 하면 구체적으로 무엇이
좋을까? 나도 7년간 약 2,000권을 읽으며 연구하는 부분이다. 처음
3년간 1,000권을 읽을 때는 독서만 하면 모든 것이 좋아지겠지 하고
막연히 생각했다. 40대 후반에 독서를 시작했는데, 독서를 많이 하
면 성공한 인생이 될 것이라는 막연한 믿음이 있었다.

이러한 믿음은 많은 부분 맞지만 일부분은 수정해야 한다. 한 마디로 독서는 간접 경험이다. 독서는 학생에게는 목적이지만 성인에게는 수단이다. 학생들에게 독서는 만병통치약이라고 할 수 있는데, 시험을 통해서 자신이 원하는 대학에 입학하고 직업을 얻기 때문이다. 시험은 언어의 개념, 이해 능력 테스트인데, 독서를 많이 하면 언어 이해 능력이 발달하기 때문에 유리하다. 독서는 언어의 상징과 기호를 통한 간접 경험으로 인간의 사고력과 상상력, 창조성을 폭발적으로 발달시킨다. 성인에게 독서는 원하는 것을 얻기 위한 효율적인 방법이다. 밥벌이를 위하여 경제 활동을 하는 사회 생활은 결과로 평가받기 때문이다. 독서하는 목적은 인생에서 원하는 성취를 얻고 풍요롭고 행복한 인생을 살기 위함이다. 물론 독서를 활용하여 소득을 얻는 사람에게 독서는 목적이다.

나는 이 글에서 독서 경험과 독서로 변화된 삶, 독서의 유익성 등을 이야기하고 싶다.

독서를 시작하게 된 계기

나도 젊은 시절부터 열심히 독서한 것은 아니다. 다소 늦은 나이인 40대 후반부터 독서를 하기 시작했다. 군 제대 후 3년 정도 무역회사에 다녔고, 32세에 무역회사를 창업했다. 당연히 사업을 잘하기 위해 노력하였고, 사업을 잘하는 방법은 인간 관계가 중요하다고 생각했다. 원활한 인간 관계를 위하여 술자리가 많았다. 경제인들의 친목과 봉사 모임인 로타리클럽에서 활동했다.

3년간 1,000권 독서 히스토리

2011년 12월

경제인들의 친목 모임인 로타리클럽 송년모임에서 클럽 회장님이 본인도 40대 중반에 사업이 무척 어려웠으나 지금은 사업과 인생이 너무 잘 풀리고 있는데, 잘되는 이유는 독서와 봉사 때문이라고 연설했다. 회장님은 "매년 300권씩 10년간 독서했으며 현재까지 약 3,000권 독서했다."고 고백했다. 앞으로도 죽을 때까지 1년에 300권씩을 독서할 계획이라는 연설을 듣고 감명받았다. 독서가 인생을 변화시킬 수 있다는 사실을 처음으로 인식한 순간이었다. 나도 1년에 100-150권의 책을 읽겠다고 목표를 세웠다.

2012년 1월

대학 선후배들을 모아서 독서모임 오거서회를 창립하여 2년간 리더로 있었다. 오거서회 창립 목표는 대학 졸업 후 사회 생활하는 나이 30세부터 은퇴하는 80세까지 50년간 1년에 100권씩 총 5,000권 독서하자는 모임이다. 처음에는 온라인만으로 진행하려 했으나 한 달에 한 번씩 모여서 2-3권의 책에 대해 토론하기 시작하면서 오프라인 모임도 하게 되었다. 회원들이 각자 책을 추천하여 다음 달에 읽을 책 2-3권을 선정했다. 발제자가 책의 내용을 요약하여 발표하고 회원들은 읽은 내용을 토론하는 방식이었다. 나머지 책은 자신이 좋아하는 책을 읽고 독후감을 작성하기로 했다.

첫 해부터 1년에 100권 이상 읽는 회원이 여럿 생겼다. 나도 솔선수범한다는 생각으로 열심히 읽었고 첫 해에 270권을 독서했다. 읽은 모든 책은 독후감을 작성했다(blog.naver.com/hslee0360 "1등의 독서법 연구회"). 독서 목표를 세웠으나 처음 1-2월은 습관이 되지 않아 어려웠다. 3월부터 실제적으로 독서했는데 5월경에는 스트레스 때문에 맹장이 터졌다. 병원에 일주일 정도 입원 치료 후 다시 체력을 회복하고 책을 읽는데 집중했다. 독서를 처음 시작하면서 어려운 점은 새로운 습관을 갖는 게 무척 어렵다는 것이다. 그러나 40-50권 정도 지나면 뇌가 새로운 습관에 적응하게 되어 독서 속도가 빨라졌다. 나도 당초 150권 목표였으나 첫 해에 270권을 읽었다.

2013년 350권 독서

2012년에 270권의 책을 읽으니 독서에 대한 습관과 자신감이 생겼다. 독서에 대한 유익함을 깨닫고 즐거움을 느끼기 시작했다. 30년 정도 마시던 술을 끊고 집안의 TV도 치웠다. 독서가 주는 신선한 지식의 즐거움이 커서 술 먹고 노는 모임에 참석하지 않았다. 무엇보다 550권 정도 독서했을 때 뇌 근육의 변화를 생생히 체험했다. 그동안 인생을 살면서 가졌던 뇌의 정보처리 습관이 새롭게 변화되는 것이라고 생각했다. 뇌의 정보처리 습관이 바뀌는 것은 생각의 습관이 바뀌는 것이다. 독서의 커다란 장점이 뇌의 정보처리 습관을 바꿔서 새로운 인생을 만드는 것이라고 생각한다. 세계적으로 성공한 빌 게이츠나 워렌 버핏도 끊임없이 독서하며 자신의 고정관념을 점검한다.

자신이 원하는 방향으로 뇌의 정보처리 습관을 바꾸는 것은 인생의 성공을 위해서 필요하다. 독서는 뇌의 생각 습관을 바꾸어 행동과 습관을 바꾼다. 반드시 독후감을 써야 정독하게 된다. 독후감을 쓰면 책을 2-3번 읽는 효과가 생긴다.

뇌는 무한한 가능성이 있는 보물 창고이다. 절실한 마음으로 변화를 원하는 독서를 하면 운명을 바꾼다. 2014년 380권 독서해서 3년간 1,000권을 읽었다. 1,000권 모두 독후감을 작성했다. 당초 사업이 잘되고 경제적 성공을 위해서 독서를 시작했다. 1,000권 독서 후 우선 독서 재능을 준 하나님께 감사했다. 또 전 세계인들에게 독서의 효율성을 설명하고, 독서를 통한 경제적 풍요를 가질 수 있게 도움을 주자고 다짐했다. 10월말 지방에 있는 국립대학교의 CEO 과정에서 난생 처음 독서 관련 강의를 했다. 970권 정도 독서한 상황이었다. 2015년 2월에는 지방행정연수원 고위공직자 과정(3급)에서 강의를 했고, 2015년 4월에는 출판사와 독서 관련 책 출판을 합의했다. 그리고 2016년 9월에 『1등의 독서법』(미다스북스)을 출간했다.

인생은 독서 후에 어떻게 바뀌었는가?

인생을 살다 보면 특이점이 있다. 인생의 거대한 변화를 가져오는 부분이다. 로또 당첨 같은 특별한 경우를 제외하고도, 인생의 동반자와 만남, 멘토와의 만남, 우연한 투자가 특별한 부를 가져오는 경우 등이다. 또한 실패도 인생의 변곡점 역할을 한다. 나는 군 제대 후 무역회사 3년 근무 후, 32세에 무역 회사를 창업했다. 47세에 독서의 유익함을 알게 되어 48세부터 현재까지 약 7년간 독서하고 있다. 독서를 시작하고 3년 동안 1,000권의 책을 읽었고 자연스럽게 독서 강사를 하면서 작가가 되었다. 독서를 한 이후, 내 인생의 변화를 작가, 사업가, 봉사자 입장에서 살펴보겠다.

작가와 강사의 삶

> 1,000권의 책을 읽으면 누구나 훌륭한 작가가 될 수 있다.
>
> _이문열, 소설가

독서를 하고 나서 삶의 가장 드라마틱한 변화는 작가가 되었다는 사실이다. 독서를 하기 전에는 작가가 되려는 생각이 꿈에도 없었다. 독서는 기본적으로 다른 작가들의 글을 읽는 행위이다. 많은 책을 읽다 보니 주변 친구들과 이야기하게 되었고, 자연스럽게 독서 관련 강연 요청을 받게 되었다. 대학교 CEO 과정, 행정연수원 고위 공직자 과정, 상공회의소 CEO 과정 등에서 독서의 유익함을 이야기했다. 강연 중 우연히 출판사 대표와 대화하게 되었고 강연 내용을 책으로 출판하기로 했다.

난생 처음 책을 쓰는 것은 쉽지 않았다. 3개월 만에 초고를 완성해서 출판사에 제출하였으나 기준 미달로 출판되지 못했다. 다시 6개월 정도 내용을 보충하고, 책쓰기에 관련된 독서를 하면서 원고를 충실히 한 후에 『1등의 독서법』(미다스북스)을 단행본으로 출간하게 되었다. 2016년 9월에는 국립중앙도서관 인문학 분야에서 사서 추천으로 대출 6위까지 올랐다. 온라인 서점에서 독서 분야 유명 작가인 이지성 작가의 책과 1+1 행사를 해 줌으로써 무명과 신인이라는 불리함을 극복할 수 있는 행운도 누렸다. 책을 출판한 후 여러 곳에서 독서 관련 강연 요청과 칼럼 요청을 받았다. 주로 학교와 도서관, 문화센터 등 40-50군데에서 강연했다. 독서를 한 후 작가와 강연가가 되었다는 사실이 표면적으로 가장 큰 변화이다.

사업가의 삶

사업가의 삶에서 가장 큰 변화는 생각의 변화이다. 나는 20여 년 무역을 하면서 섬유 원단 수출과 커피 생두 등을 무역했다. 주로 OEM 방식으로 상대방의 주문에 따라 성실하게 작업하여 납품하는 무역형태이다. 독서를 한 이후에 사업 방식은 예전과 달리 나만의 창조적이고 유일무이한 상품 개발을 적극적으로 하게 되었다. 예전 사업이 바이어의 주문를 적극적으로 수주하기 위한 노력이었다면, 현재의 사업은 시장(Market)이 원하는 것을 나만의 방식으로 만들어 제공하는 것이다.

무엇보다 고정관념을 버리고 스스로 질문을 많이 한다. 다양한 관점으로 사물과 상황을 이해하려고 한다. 현재의 이 방식이 옳은 지, 더 나은 방법은 없는지, 최대의 부가가치를 얻기 위해서는 어떤 행동을 해야 하는지, 시대의 트랜드는 무엇이며 소비자가 진정 원하 는 것은 무엇인지, 내 인생의 강점은 무엇인지, 인생의 키워드와 사 업을 연결할 부분은 무엇인지 등 다양한 질문을 하며 심사숙고한다. 새로운 아이템에 대한 공부를 꾸준히 하며 인생과 사업에서 최대의 부가 가치를 얻기 위해 노력하는 부분이 독서 이후에 내가 변한 부 분이다.

봉사자의 삶

타인을 위하여 사는 삶이 가장 행복한 삶이다.

_알베르트 슈바이처

독서를 한 이후에 신으로부터 받은 선물은, 신이 나를 이 세상 에 보낸 이유를 깨달은 부분이다. 내 인생의 키워드를 이해하고, 내 가 이 세상에 태어난 이유를 이해한 것이 독서의 가장 큰 선물이다.

나는 독서를 하면서 신이 준 독서 재능에 감사했다. 신이 인간에게 재능을 줄 때는 그 재능을 활용하여 자신의 인생도 풍요롭게 살지만, 타인의 삶도 행복하게 하라는 뜻이 있다고 생각한다.

나는 스스로 20년간 5,000권의 책을 읽겠다고 목표를 세웠다. 독서에 대한 깨달음을 갖고 많은 사람에게 독서의 유익함을 제공하여 한 번 뿐인 인생을 풍요롭고 행복하게 살도록 돕기로 결심했다. 인간의 신적 특성은 타인을 위하여 봉사하는 것이라 생각한다. 독서는 내게 작가로서의 삶과 사업에서 성공할 수 있는 다양한 관점을 제공했다. 독서의 가장 큰 선물은 나의 독서 재능을 깨우쳐 타인들에게 봉사할 수 있는 봉사자의 삶을 선물한 것이다.

나의 독서 방법론, 키워드 독서법

세상에는 수많은 독서 방법이 있다. 세종대왕의 "백독백습법", 정약용의 "초서독서법", 모택동의 "삼복사온 독서법" 등 독서를 많이 한 위인들은 자신만의 독서 방법이 있었다. 서점이나 도서관에 가면 수많은 종류의 독서 관련 책이 다양한 독서 방법을 제안한다. 독서 방법은 필요에 따라서 혹은 입장에 따라서 달라질 수 있다. 나는 현실적인 결과가 있는 독서를 즐겁게 하려고 노력한다. 나의 독서 방법을 "키워드 독서법"이라고 이름 짓고 실천하고 있다.

관심이나 흥미 혹은 필요한 부분부터 독서한다

나는 관심이 있거나 필요한 부분을 중심으로 독서한다. 예를 들어 사회적으로 인공지능에 대한 논의가 있으면 인공지능에 대한 책을 읽는다. 달리기를 시작하면 달리기에 관한 책을 읽는다. 글쓰기를 잘 하기 위해서는 글쓰기에 관한 책을 읽는다. 책쓰기를 할 때는 책쓰기에 관한 책을 읽으며 정보와 지식을 얻는다.

키워드 검색과 키워드 독서를 같이 한다

근래 20년 사이에 주변 환경의 가장 큰 변화라고 하면 인터넷을 들 수 있다. 인터넷에는 세상의 온갖 다양한 정보를 실시간으로 얻을 수 있다. 인터넷으로 인하여 부자와 가난한 사람이 정보를 얻는 기회가 평등해졌다. 나는 관심 있는 분야를 인터넷으로 검색하고 독서도 병행한다. 인터넷은 단순 정보와 사례들이 많다. 책은 정보를 맥락에 따라 지식화한 텍스트이다. 책은 보다 깊고 넓은 지식을 제공한다.

관심 있는 부분은 20-30권 정도 독서하여
핵심을 이해한다

관심 키워드에 대한 20-30권의 독서는 관심 사항을 정확하게 이해하고 뇌에 데이타 베이스를 저장하게 한다. 이순신, 세종대왕, 아인슈타인, 피카소, 아리스토텔레스 등 관심있는 인물이 있으면 20-30권을 독서하여 주변 상황 등을 정확하게 이해한다. 또한 20-30권의 키워드 독서는 내가 원하는 습관을 갖도록 뇌를 부드럽게 설득한다. 뇌의 정보처리 습관을 바꿔서 내가 원하는 방향으로 뇌를 세뇌시킨다. 예를 들어 책쓰기 하겠다고 결심했으면 책쓰기 관련 책 20-30권을 읽는다. 두 주먹을 불끈 쥐고 "책을 쓰자."고 화이팅하는 것보다 훨씬 효율적으로 책쓰기 습관을 갖는다. 뇌가 원하는 것에 대한 필요성을 이해하고 스스로 생각 습관을 바꿔서 행동 습관을 바꾼다.

업에 대해서는 100권을 독서하여 전문가가 된다

박사(Doctor)는 한 분야의 전문가이다. 박사 논문을 쓰기 위해서는 전문 분야의 책 100권을 읽어야 한다. 책을 쓰기 위해서는 주제에 대해 100권의 책을 읽어야 한다. 사업하는 사람들은 신 사업에 진출하기 위해서 관련 분야 책 100권을 독서한다. 자신의 직업에 대해서 100권의 독서를 하면 전문가가 된다. 독서는 자신의 업에 대한 본질을 이해하게 한다. 직접 경험과 간접 경험을 통하여 사회적으로 인정받는 전문가가 된다.

전문가가 되려면 그 분야의 책 500-1,000권을 독서한다

인터넷은 전 세계를 하나의 공동체로 만들었다. 자신만의 상품이나 콘텐츠가 있으면 세계적인 성공이 가능한 시대이다. 나도 독서 관련 책 500권 이상 읽고 독서 전문가로 세계적으로 성공하는 꿈이 있다. 세계적인 전자상거래 회사인 아마존(Amazon)에서 내가 쓴 독서법 책을 판매하는 것이 목표이다. 누구나 그 분야의 책 500-1,000권을 독서하면 세계적인 전문가가 된다. 성공할 수 있는 주제는 무한대로 많다. 사랑, 행복, 유머, 긍정, 아름다움, 맛, 멋, 관찰, 사색, 독서는 누구나 흥미있는 주제에 대해 세계적으로 성공할 수 있는 기회를 제공한다.

반드시 책의 중요한 내용을 메모하거나
독후감을 작성한다

책을 읽은 후에 반드시 메모를 하거나 독후감을 작성하는 것이 독서의 효율성을 높이는 방법이다. 세계 1위의 자선사업가인 빌 게

이츠(Bill Gates)도 1년에 50권 정도의 책을 읽으면서 책 내용에 대해 메모하고 주변 지인들과 토론한다고 한다.

독서는 자기 주도 학습이다. 한 권의 책을 읽는 것도 중요하지만 자신의 실제적인 성장에 적용하는 것이 필요하다. 나도 책을 읽으면 반드시 요약 독후감을 작성한다. 20년간 5,000권의 책에 대한 독후감 작성이 목표이다. 현재 7년째 독후감을 작성하고 있으며 앞으로 14년 더 노력하겠다. 요약 독후감을 작성하면 책의 내용을 한 번 더 생각하고 정리하게 된다. 시간이 지나서도 필요시 요약 독후감을 읽으면서 대략적인 내용을 떠올릴 수 있다.

지식을 지혜로 바꾸기 위해 노력한다

독서는 가상 세계를 체험하는 간접 경험이다. 책 속의 길은 언어의 상징과 표현으로 만들어진 '가상의 길'이다. 등산할 때 종이 위의 지도를 보면 목적지에 효율적으로 도착한다. 지도 위에 표시된 길은 목적지에 효율적으로 갈 수 있게 도와준다. 목적지에 도착하기 위해서는 실제적으로 걸어야 한다.

지혜는 현실 세계에서 자신이 원하는 것을 효율적으로 얻는 방법이다. 지식을 활용하여 실체적 결과가 있는 것이 지혜이다. 지식과 지혜의 차이는 행동을 통한 결과의 유무이다. 내가 풍요롭게 살고 싶다면 독서에서 얻은 지식을 활용하여 풍요롭게 사는 것이 지혜이다. 독서에서 얻은 상상력과 창조성을 실생활에 적용하는 것이 지혜이다. 지혜는 반드시 행동과 결과가 있어야 한다고 믿는다.

시간, 공간, 인간의 격차를 줄인다

지식도 하나의 관념이다. 머릿속에만 존재하고 행동하지 않으면 결과를 얻을 수 없다. 책을 읽고 현실에 적용하지 않는다면 지식의 관념만 많이 갖고 있는 셈이다. 예를 들어 이순신 장군의 『난중일기』를 읽었다고 가정하자. 이순신 장군이 거북선을 활용하여 일본군에 승리했다는 사실을 누구나 알 수 있다. 이 지식은 약 500년 전 임진왜란 당시(시간), 남해에서(공간), 이순신 장군과 나(인간)라는 조건의 차이가 있다. 이 조건의 격차를 줄이는 것이 필요하다. 500년 전이 아닌 현재에 남해가 아닌 내 직업 혹은 인생에서 이순신 장군이 아닌 나에게 거북선이 될 만한 것은 무엇인가? 거북선만큼 강력하고 효율적인 경쟁력은 무엇인가? 생각해서 적용하는 것이 독서의 진정한 활용이라 생각한다.

키워드는 이치, 원리, 본질, 핵심, 격물치지,

도(道),하나님이다

그리스 철학자 플라톤(Platon)은 "모든 사물에는 그 사물만이 갖고 있는 본질(Idea)이 있다."고 주장한다. 아리스토텔레스(Aristoteles)도 "사물의 궁극적 존재자로서 신의 존재(Ultimate Being)"를 주장한다. 동양의 성리학에서는 사물의 본래적 요소를 그 사물의 이치, 원리, 본질, 격물치지라고 한다. 노자(老子)는 사물의 궁극적 원리를 도(道)라고 표현한다. 우리가 관심 갖는 키워드에는 그 키워드만의 궁극적 본질이나 핵심 원리가 있다. 사랑, 행복, 유머, 독서, 책쓰기, 아름다움, 맛 등에는 그 키워드만의 궁극적 본질이 있다. 내가 관심 있는 키워드의 궁극적 본질을 찾고 이해하여 활용하는 것이 키워드 독서법의 본질이다.

즐긴다

知之者 不如好之者 好之者 不如樂之者

지지자 불여호지자 호지자 불여락지자 _공자, 『논어』 옹야 편

아는 사람은 좋아하는 사람보다 못하고, 좋아하는 사람은 즐기

는 사람보다 못하다. 무슨 일이든 즐거워야 오래 할 수 있다. 독서도 의무적으로 하려고 하면 힘들다. 나는 최대한 즐거운 마음으로 독서한다. 때로는 노래를 부르면서, 음악을 듣고, 농담하면서 즐겁게 독서한다. 평생 독서는 즐겁지 않으면 지속할 수 없기 때문이다.

독서는 어떤 이익이 있는가?

독서를 하면 어떤 이익이 있을까? 나도 궁금해서 많이 생각해본 부분이다.

뇌의 정보처리 회로를 바꿔서 운명을 리빌딩한다

독서는 쇠사슬처럼 강해진 뇌의 정보처리 회로를 바꿔서 운명을 리빌딩한다. 글자가 갖고 있는 기호와 상징은 뇌에 새로운 가상 정보를 제공한다. 독서는 뇌에 텍스트화된 지식을 제공한다. 독서는 원하는 방향으로 뇌를 부드럽게 설득한다. 500-600권 정도의 독서는 뇌의 정보처리 회로를 바꾼다. 나의 경우 약 550권 정도의 독서 후 뇌의 정보처리 회로가 바뀌는 것을 느꼈다. 약 2주일 동안 뇌의 근육이 가로와 세로, 좌와 우로 미끄러지듯이 움직이며 재편되는 느껌을 강렬히 경험했다. 두개골 안에 있는 뇌를 볼 수는 없지만 뇌 근육이 스스로 움직이며 새롭게 재구축되는 강렬한 느낌이었다. 구도시가 해체되고 신도시가 건설되어 새롭게 넓은 도로와 기반이 형성되는 느낌이었다.

업을 소멸하고 새로운 운명을 만든다

업(KARMA): [힌두교 · 불교] 갈마(羯磨), 업(業) [신지학] 인
과응보, 인연.

독서는 생각의 습관을 바꿔서 업의 끈을 벗어던진다. 정체성은 부모의 유전자로부터 시작한다. 부모로부터 물려받은 유전자 위에 어린 시절의 환경과 경험, 학창 시절의 교육을 통하여 자아나 정체성이 만들어진다. 자신에게 이익이 되는 방향으로 외부 정보와 환경을 활용하는 것이다.

인간은 양육 기간이 약 20년이다. 부모님과 20여 년을 생활하면서 부모님의 생각과 생활 습관을 닮는 후천적 유전을 갖게 된다. 선천적 유전으로 받는 DNA와 양육 기간 동안의 후천적 유전이 자아혹은 정체성을 형성한다. 자아 혹은 정체성은 내가 갖고 있는 생각

의 습관 혹은 사물에 대한 뇌의 자동처리 방식이다. 이 생각의 습관이 자신의 인생이고, 운명이며, 업이다.

내가 갖고 있는 생각의 습관이 인생의 다양한 결과를 만든다. 운명이나 업은 인간이 수십 년을 살면서 자신의 생존과 진화에 유리하도록 최적화되어 있는 나만의 생각 습관이다. 생각 습관은 외부 정보에 대한 뇌의 자동처리 방식이다. 독서는 뇌의 정보처리 회로를 바꿔서 생각 습관을 바꾼다. 독서는 생각 습관을 바꿔서 과거의 업을 소멸하고 새로운 업을 만든다.

고정관념(Box 사고)에서 벗어나 다양한 관점을 갖게 한다

고정관념은 자신만이 가진 특정한 생각이다. 사람들은 자아와 정체성을 갖고 생활한다. 자아와 정체성은 특정한 상황에서 진화와 생존에 최적화된 뇌의 반복되는 반응이다. 자아와 정체성은 나를 나답게 하는 특징이다. 나를 나답게 하는 생각과 행동을 반복하면서 고정관념이 생긴다. 이 고정관념은 인생을 살아가는 데 강점도 되지만, 자신만의 사고방식에 갇히게 한다. 세상의 변화를 보지 못하고 박스에 갇혀 사는 것이 된다.

독서는 세상에서 성공한 위인들의 시각을 제공한다. 자신만의 생각으로 세상을 이해하고 살아오던 생각 습관을 뒤돌아보게 한다.

역사에 남는 철학자나 과학자, 예술가, 글로벌 CEO의 생각을 읽음으로써 새로운 생각의 관점을 갖게 한다. 독서는 고정관념(Box 사고)에서 벗어나 사물에 대한 새로운 관점을 갖게 한다.

언어의 개념, 이해 능력을 발달시켜 사회 상류층이 되게 한다

독서는 언어의 개념, 이해 능력을 폭발적으로 발달시킨다. 학생에게 독서는 만병통치약이라고 볼 수 있다. 시험은 언어, 개념, 이해, 능력 테스트이기 때문이다.

언어의 개념에 대한 이해가 높으면 좋은 시험 성적을 얻을 수 있다. 대학입학 시험 성적이 좋으면 사회에서 유리한 학과에 진학하여 좋은 직업을 얻을 가능성이 높다. 좋은 직업은 좋은 배우자 선택과 높은 경제적 소득으로 사회 상류층이 될 가능성을 높여 준다.

역사적으로도 지식을 가진 사람들이 상류 계층으로 사회를 통치해 왔다. 독서는 성인에게도 판단력과 통찰력을 제공하여 문제해결 능력을 높인다. 독서를 하면 일대일 대화나 판단 능력이 우월해지기 때문에 사회적으로 경쟁력을 갖는다. 인류의 문명이 말과 글을 사용하면서 폭발적으로 성장했다. 문명 자체가 말과 글이라는 언어를 활용하여 구성되어 있다. 철학, 역사, 문학, 예술, 기술, 과학 등 학문이 글이라는 형식을 빌려 지식화되어 있다. 이 지식을 배우는 사람이 인간과 세상을 이해하는 데 유리하다.

말을 통하여 이루어지는 사회에서의 인간관계도 마찬가지다. 말을 잘하는 사람이 유리하다. 자신의 뜻을 조리있게 설명할 수 있는 사람이 상대방을 잘 설득할 수 있고 움직일 수 있다. 성인에게도 언어의 개념, 이해 능력이 뛰어난 사람이 말과 글을 잘 활용한다. 말과 글을 잘 활용하는 사람이 사회에서 좋은 기회를 얻는다

부족한 환경을 보완하여 개천에서 나온 용이 되게 한다

독서는 부족한 환경을 보완한다. 독서는 적은 돈으로 성장하고 발전하는 가장 효율적인 방법이다. 사람은 부모님의 유전 DNA와 어렸을 때 환경과 교육으로부터 자아를 형성하여 인생을 살아간다. 부모님과 함께 생활하는 20년 동안 부모님의 행동을 보고 배우는 후천적 유전은 자아 형성에 영향이 크다.

가난한 환경은 가난한 자아를 형성하고 가난한 생각 습관을 갖게 한다. 가난한 생각 습관은 풍요롭고 행복한 판단과 행동을 방해한다. 독서는 부족한 환경의 생각 습관을 바꾸고 개천의 용이 되게 한다. 예전에는 공부를 통한 사회 계층 이동이 아예 불가능했다. 유럽도 구텐베르크의 인쇄술이 나오기 전에는 소수의 귀족들과 성직자, 왕족들만이 지식을 배우고 전수하며 지배계층으로 군림했다.

대학을 졸업한 사람들은 취업할 때까지는 열심히 공부하지만 사회생활하면서 공부하는 사람들은 드물다. 공부하는 사람이 사회의 승리자가 되고 인생의 성공자가 된다. 당연한 세상의 이치이고 오랜 역사가 증명해 왔다. 현재 사회에서 계층의 사다리를 올라가기 어렵다. 부모님이 경제적으로 어려우면 자녀도 평생 어려운 인생을 살게 되는 가난의 대물림이 있다. 독서는 가난의 쇠사슬을 끊고 개천에서 나는 용이 되게 한다.

다리(Bridge) 역할을 하여 고난을 극복하게 한다

독서는 어려운 상황에서 원하는 세계로 나아가게 하는 다리 역할을 한다. 인생은 우여곡절이 있다. 사람은 누구나 살면서 어려움에 처한다. 어려움에 어떻게 대응하느냐에 따라 인생의 결과가 달라진다. 고난에 처하면 많은 사람은 어려움을 잊기 위하여 문제를 회피한다. 어려운 때일수록 문제에 정통으로 부딪혀야 문제가 풀린다.

고난에 처했을 때 필요한 것이 문제 해결을 위한 독서이다. 자신의 정체성을 이해하려면 인문학 독서를 해야 한다. 경제적 문제가 어려우면 돈에 관한 독서를 하면 도움이 된다. 디지털 환경 이해를 위해서는 디지털 관련 독서를 하면 환경 적응이 쉬워진다. 고난은 생각을 바꾸라는 신의 메시지다. 자아와 정체성을 바꾸라는 신의 요청이다. 기존의 생각 습관으로는 진화와 생존이 힘들다는 운명의 경고이다.

뇌는 현재의 정보에 집중하기 때문에 인생의 언덕 너머를 보지 못한다. 현재의 어려움을 극복하면 풍요로운 미래가 있는데 멀리 보지 못한다. 어려움에서 벗어나는 방법은 생각이 먼저 어려움에서 벗어나야 한다. 긍정과 희망의 언어는 뇌를 긍정과 희망으로 다시 뛰게 한다. 독서는 고난을 극복하고 풍요롭고 행복한 세계로 나아가는 다리 역할을 한다.

뇌의 이성적인 부분을 발달시켜 마음이 평화로운 전략가를 만든다

독서는 인간만의 활동으로 뇌의 이성적인 부분을 발달시킨다. 독서는 마음을 고요하고 평안하게 한다. 독서는 자신의 자아와 정체성을 확립시키고, 성찰하고 절제하게 한다. 누구를 만나든 평화로운 마음으로 대화하게 한다. 외부적 요인에 따른 마음의 변화가 적다.

죽음을 초월하는 고요한 이성적 마음은 상대방의 감정적 심리를 잘 읽을 수 있다. 임진왜란 당시 이순신은 명량해전에서 12척의 배로 330척의 일본을 물리쳤다. 이 전투에서 패한 일본군은 물러났고 승리한 조선은 국가를 유지할 수 있었다.

이순신은 전쟁 중 투옥과 사형 선고에도 마음이 흔들리지 않았다. 평상시 밤늦게까지 혹은 새벽에 일찍 일어나 홀로 독서했다. 삶과 죽음이 교차하는 위급한 순간에도 글로 임진왜란 7년의 기록인 『난중일기』를 남겼다. 마음이 평화롭지 않으면 하기 어려운 작업이다. 이순신의 죽음을 초월하는 고요한 마음이 전쟁에서 승리하고 국가를 구했다. 독서는 뇌의 이성적인 부분을 발달시켜 마음이 평화로운 전략가로 만든다.

이상으로 독서를 시작하게 된 계기와 독서의 유익함 등을 이야기했다. 독서는 인류의 지적 자산이 총 집합되어 있는 거대한 다이아몬드 광산을 개발하는 것이다. 도서관은 인생의 위대한 기적이 시작되는 곳이다. 책을 읽는 것은 자신의 집안을 일으키고 인생을 풍요롭고 행복하게 하는 것이다. 독서는 나를 세상에 보낸 신의 뜻을 이해하고 인생의 사명을 발견하게 한다. 독서는 물과 공기처럼 누구나 저렴한 방법으로 자신의 인생을 풍요롭게 할 수 있는 신의 선물이다. 독서를 통하여 새로운 정보와 지식을 입력하면, 뇌는 정보처리 회로를 바꿔서 새로운 생각을 한다. 새로운 생각은 새로운 행동을 만들고, 새로운 행동은 새로운 운명을 만든다.

독서는 무엇을 바꾸는가? / 이해성

6

내 인생의
멘토

_박성화

아세아연합신학대학원에서 선교학 석사(M.A. in Miss), 평택신학대학원에서 조직
신학 석사(Th.M.), 장로회신학대학원에서 선교학 박사(Th.D.) 학위를 받았고 여
러 신학교에서 전공에 따른 과목들을 강의했다. 현재는 한국선교교육재단에서 "타종
교와 선교학"을 강의하고 있다.
신학교 재학시절에 전도사 사역을 시작하여 현재까지 30여 년 이상 목회자의 길을
걷고 있으며 지금은 충남 아산시 최남단 송악면 한복판에 위치한 작은 산골 교회
에서 어르신들과 더불어 살아가며 행복한 목회를 하고 있다.
특별히 목회하는 틈틈이 전공을 살려 많은 교회들이 선교하는 교회가 되도록 실제
적인 선교의 이해에 대한 개념 정리와 바른 교리에 입각한 건강한 신앙생활을 하
는 데 도움이 되기 위한 연구와 글쓰기를 하며 살아가고 있다.

소신 있는 삶

백세시대를 말하는 오늘날 환갑잔치는 가정 내 행사로 자리매김한지 오래된 지금, 내가 살아온 60년은 그리 긴 세월은 아니지만 나름대로 중요한 순간은 적지 않았다고 본다. 그렇다고 지금에 와서 뭔가 크게 이루어 놓은 것은 없을지라도 앞으로 남은 날을 좀 더 의미 있게 보내기 위해서는 지금까지 보내온 날을 정리하며 앞으로의 계획을 세워 보는 것이 필요하다는 생각이 든다.

지난 세월 삶의 태도를 가만히 돌아보니 소신에 따른 삶보다는 타의에 의한 삶을 살았던 순간이 많았던 것으로 여겨진다. 태어나서 고등학교를 마칠 때까지 부모님 그늘에서 살 때는 부모님의 뜻을 거역한 적이 거의 없었다. 즉 부모님의 뜻이 내 뜻이 된 삶을 살았다.

1960-70년대에 어린 시절을 보낸 사람들은 대부분 비슷하게 지냈겠지만 나에게도 부모님은 대단히 큰 영웅이셨다. 어떤 주장에

딱히 이견을 달 수 없는 존재로 적어도 내 눈에는 완벽한 분들이어서 모든 말씀에 무조건 복종하는 삶을 살았다.

8살 때 초등학교에 입학하여 6년, 중학교 3년, 고등학교 3년을 보내는 동안에도 집에서 부모님께 하던 대로 항상 선생님과 선배들의 지시와 의견에 토를 달지 않고 무조건 따르던 학생이었다.

당시의 학교 문화로 보면 특별히 튀는 학생들을 제외하곤 대부분의 학생들이 복종하는 생활을 자연스런 문화로 받아들인 것처럼 나 역시 그런 학생들 속에 묻혀 전혀 존재감이 없던 학생이었고 좋은 말로 단체생활에 무난한 학생이었다.

20대 초반이 되어 대한민국의 건강한 남자들이라면 누구나 가는 군대에 가게 되었다. 이미 가정과 학교에서 복종의 생활이 몸에 충분히 익은 상황에서 군대 생활의 특징인 상명하복의 생활, 즉 내 의견은 없는 오직 상관의 의견만 존재하는 생활에서 나는 당연히 자타가 인정하는 군대 체질이었다.

실제로 군복무 중 여러 영역에서 인정받아 상도 받았고 심지어 전역할 날이 가까워 올 때 부대에서 장기 복무를 요청할 정도로 군대는 나와 잘 맞는 곳이었다. 어찌 보면 상명하복의 삶이 더욱 견고하게 된 계기가 된 셈이다. 지금도 그 문화는 일상이 되어 목회나 여러 삶의 영역에서 군인 같다는 소리를 종종 듣고 있다. 그래서 군사

내 인생의 멘토 / 박성화

문화에 익숙하지 않은 사람들에게는 불편을 끼쳤을 것 같기도 하다.

또한 어릴 때부터 교회에 출석하며 목사님 말씀과 교회 내 기관의 결정을 하나님의 말씀과 동일하게 여길 정도로 가정이나 학교 심지어 군대에서보다 더 철저한 복종을 하며 지내고 있다. 그 결과 예배 시간에 결석해 본 기억이 없고 무슨 일이든 최우선의 일은 교회 일이 되었고 교회의 결정에 이견을 달아 본 기억이 없다. 이런 내 모습은 성도로서 신앙생활 할 때는 목회자와 다른 성도들에게 긍정적인 모습으로 보일 수도 있었을 것으로 여겨진다. 그러나 내가 목회자가 되어 교회를 이끌어 갈 때 나처럼 하지 못하는 성도들을 볼 때 쉽게 이해가 되지 않아 목회를 하는 데는 적지 않은 어려움이 되었다.

이런 삶의 모습이 내가 주도하는 삶이 아닌 피동적인 삶을 살 때는 윗사람들에게는 착한 사람, 대인관계에서는 무난한 사람, 공동체에서는 어느 정도는 유용한 사람이라는 평가를 받으며 살아왔다고 해도 과언이 아니다.

그러나 반대쪽에서 말한다면 이런 태도는 내 주관이나 소신은 없고 항상 타의에 의한 삶의 모습이라고 말할 수 있다고 앞의 열거한 긍정적인 평들이 썩 기분 좋은 평으로만 들리지 않는 게 지금의 마음이다.

더불어 작은 공동체이지만 지도자가 되어 교회를 이끌어 가는 입장에서 지난날 나처럼 절대적인 순종을 하지 않는 성도들을 바라볼 때 곱지 않은 시선을 갖게 되는 폐해까지 있어 이 부분을 지금도 완전히 용납하는 것은 아니지만 적어도 지금의 수준까지 이해하는 데 적지 않은 시간이 걸렸다. 나 자신이나 나와 함께 신앙생활 하느라 고생했을 과거의 성도들과 지금의 성도들에게도 미안한 마음이 크다.

앞으로 내 인생의 남은 날들이 얼마일지는 모르지만 지금부터는 내 인생의 키워드를 '소신껏 사는 인생'으로 정하고 싶다. 지금부터는 무슨 일을 결정함에 있어 진짜 내 생각이 무엇인지를 스스로에게 몇 번이고 묻고, 다시 묻고, 또 물어 결정해 보리라 생각해 본다.

하여 내가 진정 원하는 바대로 결정하여 진행해 보리라 다짐해 본다. 물론 신앙인의 입장에서 가장 먼저 하나님께 여쭙고 주변의 전문가들의 의견에도 충분히 귀를 기울여 참고하지만 결론은 내 소신이 듬뿍 들어간 결정을 내리고 싶다.

그 결과, 먼 훗날 사람들 앞에 나는 이런 삶을 살았다고 말하며, 그런 것이 쌓이고 쌓여서 이 세상 떠나는 날, 내 인생의 키워드는 소신 있는 삶이었다고 말하고 싶다. 나를 아는 사람들이 당신은 그렇게 살았다고, 잘 살았다는 평을 들으며 이 세상 여행을 마치고 싶다.

아울러 내가 만나는 모든 사람들에게도 소신 있게 살 수 있도록 최대한 배려하고, 기회를 주고, 응원하는 삶을 살고 싶다. 그러기 위해 더 많이 이해하고, 관용하고, 상대방 입장에서 생각하는 삶을 살아보리라 다짐한다.

나의 존재감

사람들은 누구나 다른 사람들로부터 인정받고 사는 삶을 소망한다. 인정받는다는 것은 나의 존재감을 크게 느끼며 산다는 말일 것이다. 그러나 적지 않은 사람들이 인정받는 삶을 살기보다는 그 반대의 삶을 살고 있지 않나 생각해 본다. 아마 인정받지 못하고 존재감 없는 삶을 산 사람 중에 둘째가라면 서운해 할 사람이 바로 나라고 생각한다. 이런 나에게 인정받는 사람, 존재감을 일깨워 준 고마운 멘토가 있다.

그 멘토는 중학교 2학년 때 만난 영어선생님이다. 내가 다닌 중학교는 집에서 약 2킬로미터 정도 떨어진 마을에 자리 잡고 있었다. 1970년대 우리나라 대부분의 중학교들은 근처 여러 마을들 가운데 가장 많은 사람들이 모여 살고 있고, 기차역이나 우체국 그리고 지서 등 몇몇 관공서가 있는 곳으로 주변 지역 서너 개 초등학교 졸업생들이 모이기에 용이한 지역에 위치한 학교로 내가 다닌 학교도 그랬다.

그 당시 대부분의 학교 건물들은 지어진지 오래되어 외벽들은 퇴색되었고 지금의 건물에 비하면 많이 낙후된 모습들이었지만 그 속에서 행복했다. 소수의 불량 학생들 외에 대부분 학생들은 선생님들께 무조건 복종하는 것은 물론 보통 여덟 살에 초등학교 입학하는 학생들이 대부분이었지만 여러 가정 형편으로 한두 살 늦게 입학하던 친구들도 적지 않았다. 그래서 사실상 선배들과 동갑이거나 심지어 더 나이가 많은 학생도 있었지만 한두 해 먼저 입학했다는 이유로 깍듯하게 선배 대접을 했다. 함부로 선생님들이나 선배들 앞에서 나서지 않고 늘 얌전하게 지내던 시절이었다.

그러던 어느 날 영어 수업 시간이었다. 당시 수업 방식으로는 선생님이 일방적으로 호명하는 학생이 일어나 교과서의 한 부분을 읽고 이어서 선생님이 그 부분을 설명하는 형식으로 수업이 진행되었다. 호명되는 형식은 대부분 그날 날짜와 같은 번호의 학생이 지목되었고 어떤 날은 떠들다가 걸린 학생이 지목되기도 했다.

그날은 이유는 정확히 기억나지 않으나 내가 지목이 되었다.

항상 조용하게 지내는 학생으로 존재감이 전무했던 나였지만 선생님의 호명으로 즉시 일어나 자신 없는 목소리로 지정해 주신 부분을 읽어 내려갔다. 읽는 내내 어디서 틀려 지적을 받아 혼날지 몰라 잔뜩 긴장된 상태에서 조심조심 얼마쯤 읽어 가고 있을 때, "그만"이라는 말과 함께 잘 읽었다는 칭찬과 환한 미소로 바라보는 선생님을 발견하게 되었다.

나에게 큰 기대 없이 시켰는데 잘은 아니지만 나름대로 읽는 모습이 기특하셨던지 선생님은 아낌없는 칭찬해 주셨다. 지금 생각해 보면 특별히 남다른 열심을 가지고 학생들에게 어떻게든 제대로 영어를 가르치시고자 항상 노력을 하셨던 선생님이셨다. 그런 선생님의 눈에 전혀 기대치 않았던 내 모습이 다른 학생들에 비해 조금은 더 예뻐 보이셨으리라 여겨진다.

선생님은 강제로 교과서를 읽히는 것은 물론 매 과마다 첫 페이지에 있는 열 문장 정도로 구성된 다이얼로그를 외우게 했고, 매 시간마다 단어 및 숙어 시험을 치러 틀린 숫자만큼 손바닥을 때리시는 등 철저하게 수업을 진행하시는 분으로도 유명했다.

특별히 선생님은 대부분의 남학생들이 좋아하는 미모의 선생님이셨고 최선을 다한 학생들에게는 의자에 함께 앉아 안아 주시고 머리를 쓰다듬어 주시며 칭찬해 주시는 특별한 상을 통해 큰 격려를

해 주셨다. 그날 그 상을 나에게도 주신 것이다.

나는 그 시간 이후 지금까지 학교에서 영어가 제일 재밌는 과목이 되었다. 그래서 동아리도 영어 회화반에 가입했고 무슨 행사를 해도 영어와 관련된 행사에 참여하게 되었다. 그렇다고 영어를 잘하는 것은 아니지만 지금도 영어는 좋아하는 학문이 되었다.

그때 외웠던 다이얼로그 중 몇 개는 지금까지도 외우고 있을 정도다. 중학교를 졸업하고 대학원까지 공부하는 동안 영어는 항상 필요했는데 선생님의 철저한 수업 방식을 통해 배운 영어는 많은 도움이 되었다. 학교를 졸업한 이후 지금까지도 많은 도움이 되고 있어 남다른 열정으로 공부를 시키신 선생님이 두고두고 고맙게만 여겨진다.

특별히 학교에서의 존재감이 거의 없었던 나를 존재감 있게 했고 공부에 큰 흥미가 없었던 나에게 공부가 즐거운 것임을 알게 하셨다. 주변 사람에게 인정받는 학생의 모습을 갖게 하셨다. 그 이후로 계속해서 공부하는 내내 자신감을 갖게 되고 미력하지만 단에 서서 가르치는 사람이 되는데 결정적인 역할을 해 주신 중학교 2학년 때 만난 영어선생님이 고맙고, 고마운 인생의 멘토다.

행복

가능하면 남들보다 더 많은 것을 갖고 싶고, 알고 싶고, 올라가고 싶은 마음이 일반적인 사람의 마음이라 생각한다. 그러나 그 목표들을 다 이루며 사는 사람들은 그다지 많지 않을 것이다. 나 역시그 목표를 이루지 못한 다수 가운데 한 사람으로 살아가고 있다. 그렇다고 내 인생이 과연 불행의 연속이었고 지금도 불행하느냐는 말에는 동의할 수 없다. 남들보다 더 많이 가지지도 배우지도 못했지만 지난날에도 행복했고 지금도 행복하다.

지난날 나를 행복하게 했고 지금도 행복하게 하는 이유는 한두 가지가 아니지만 굳이 꼽아 보자면 그것은 인생의 길목에서 만난 사람들 덕이라고 생각한다. 나는 지금도 그 무엇보다 사람이 좋다.

어려서는 절대적인 지지를 해 주시던 부모님이 좋았다. 남아선호사상이 강했던 시절, 1960년대에 6남매의 맏아들로 부모님께 받은 사랑은 참으로 컸다. 내가 사는 마을은 쌀 농사가 주였던 전형적인 농촌으로, 크게 부유한 가정 형편은 아니었지만 장남이라는 특혜로 다른 남매들에 비해서는 특별한 혜택을 누리고 살았다. 하루가 다르게 성장하던 때, 사실 좋은 옷이 그다지 필요 없음에도 당시 추리닝으로 불렸던 운동복까지 맞춰 줄 정도였고, 사진 한 장도 사진관에 데리고 가서 찍어 주실 정도로 특별한 대접을 받으며 살았다.

특별히 할머니의 큰 손주에 대한 사랑은 남달랐다. 학교에 안 가져간 물건이 있으면 직접 들고 오셔서 전달해 주시는 것은 기본이었다. 한 번은 초등학교 5학년 어느 추운 겨울에 할머니가 물건을 전해 주시러 학교에 오신 적이 있었다. 그때는 대부분의 학교가 다 그랬으리라 보는데 그리 춥지 않으면 난로를 안 피우던 시절이었다. 그날도 상당히 추운 날씨임에도 난로를 피우지 않은 상태로 수업이 진행되고 있었다. 물건을 들고 교실에 들어 온 할머니가 선생님께 인사를 하고 먼저 난로로 다가가 손을 내밀었는데 따뜻하지 않은 것을 확인했다. 그리고는 "이렇게 추운데 난로를 안 피우면 어떻게 하냐. 내 손주 추워서 어떻게 하냐."며 역정을 내시던 모습이 지금도 눈에 선하다. 이렇게 남다른 사랑을 받으며 지낸 어린 시절은 지나고 보니 차별 받고 자란 동생들에게는 미안한 일이긴 하지만 적어도 나에게는 행복한 어린 시절로 기억된다.

또한 그 당시 초등학교나 중학교에 다니는 학생들은 학교를 중심으로 좌우 서너 개 마을에 있는 학생들이 모여 공부하는 형태였다. 그 정도 마을의 아이들만 모여도 전교생이 수백 명 되는 것은 어려운 일이 아니었다. 내가 다니던 초등학교는 우리 동네에 있었고 한 학년당 두 반씩 있었다. 각 반당 40명 정도 되어 6학년까지 합하면 500명 정도 되는, 농촌에 있는 학교치곤 제법 큰 학교였다.

　그러다 보니 우리 마을에 있는 학생들만 모여도 수십 명은 족히 되어 함께 모여 각종 놀이를 하기에 충분했다. 낮에는 학교에 가서 공부하고(사실 공부보다는 수업 시간을 몸부림치며 어렵게 때우고) 쉬는 시간에는 열심히 교실과 운동장에서 놀았다. 하교 후에는 온 동네 아이들이 동네에서 제일 넓은 마당인 공마당이라는 곳에 누가 강요하지 않아도 자연스럽게 모여 놀이를 시작했다. 구슬치기, 자치기, 깡통 차기, 숨바꼭질 등 이름도 이상한 각종 다양한 놀이들로 늦은 밤이 되도록 놀고 또 놀았다. 지금도 그때 함께 놀았던 동네 친구들을 생각하면 마음속에 밀려드는 그 행복감은 어떤 글과 말로도 형언하기 어려운 감동 그 자체이다.

　고등학교를 졸업하고 서울로 올라와 대학을 다니며 이런저런 시간제 일을 하며 쉽지 않은 시간을 보냈다. 그때에 가정이 부유하지 않은 학생들의 형편이 대부분 비슷했겠지만 나 역시 하루하루 버티는 여건이었다. 그래도 그 시절을 견딜 수 있었던 것은 그때 만난 고마운 동료들 덕이었다. 모두가 고생스러웠지만 그래도 서로에게 힘이 되어 주고 격려하며 지내던 시절이었다. 서울에 올라와 제일 먼저 시작한 것은 신문 배달이었다. 신문 배달을 하게 된 것은 바로 다음날부터 일을 할 수 있었던 것과 보급소에서 먹고 자는 것이

가능했기 때문이었다. 그렇다고 보급소에 별도로 방이 있었던 것은 아니다. 낮에는 사무실로 사용하고 밤에는 책상 위는 물론 바닥까지 배달원들의 침실로 사용되는 공간이었지만 그래도 먹을 수 있었고 잘 수 있어서 행복했다.

새벽 4시 전후에 일어나 신문을 받고 속지와 겉지를 결합시키고, 광고지를 정리해서 넣고, 자매지를 챙겨서 나오는 시간도 숙달 정도에 따라 한 시간 이상 소요되는 쉽지 않은 작업이었다. 적어도 7시 전에는 모든 신문을 다 배달해야 하는 상황에서 잠시의 여유도 없었다. 뛰고 뛰었던 배달의 순간은 마치 격한 운동 경기를 하는 것 같았다.

배달을 마치고 곧장 달려와 씻고 나갈 채비를 하는데 신문에서 묻은 기름은 쉽게 지워지지 않았다. 그래서 항상 손은 마치 오래 안 씻은 사람처럼 늘 때가 끼어 있었다. 한겨울에는 빙판길로 인해 몇 번씩 넘어져 가면서 배달하는 일은 정말 만만치 않았다. 그러다가 어떤 구역의 배달원이 사정상 배달을 못하게 되면 그 구역까지 배달해 주어야 하는 일도 종종 발생했다. 사람이 살다보면 피치 못하게 빠질 수밖에 없는 일은 늘 주어졌기에 서로가 알아서 챙겨 주곤 했다. 그렇게 서로서로 챙겨 가며 지냈던 그 시절, 한편으로는 참 힘겨운 날이었지만 한편으로는 참 행복한 날이었다. 지금도 살다가 어려

내 인생의 멘토 / 박성화

운 일을 맞이할 때마다 그때를 생각하면 다시금 힘이 솟는다.

이렇게 지난날을 돌아보니 내게 있어 행복은 거창한 일이 일어난 때가 아닌 것을 깨닫게 된다. 소소하지만 친구들과 함께 어울리던 때가 행복했었고, 목표를 향해 앞으로 나가던 그 시간이 행복이었다. 앞으로도 거창한 일보다는 하루하루 즐거운 마음으로 이렇게 사는 것이 행복이라고 생각하고 항상 감사하며 살고 싶다.

선택

사람마다 살아오는 동안 의미를 갖는 행복의 이유는 다양하리라고 본다. 나에게 가장 큰 행복은 선택이라고 생각한다. 선택은 선택하는 것과 선택받는 것으로 구분할 수 있다. 나에게는 선택할 때도 행복하지만 지금까지는 선택을 받을 때가 행복했던 것 같다. 그것은 앞으로도 그럴 것 같은 생각이 든다.

내 어린 시절에는 특별한 문제가 발생하지 않으면 중학교까지는 무난하게 입학하고, 학년도 올라가고 졸업도 하던 시절이었다. 그래서 초등학교 입학 전 동네 친구들과 어울려 놀기 시작할 때부터 중학교를 졸업할 때까지는 원 없이 놀았다는 말이 조금도 부족하지 않을 만큼 신나게 놀았다. 그러나 중학교를 졸업하고 고등학교에 진학할 때부터 대학교, 대학원을 입학하는 일, 학점을 따는 일, 논문을 쓰는 일, 졸업을 하는 일까지는 결코 쉽지 않았다.

그때마다 학교 측의 평가를 받아 통과해야만 했다. 즉 선택을 받아야만 했던 것이다. 과정과정을 넘을 때마다 긴장했던 순간 그리고 선택을 받았을 때의 감정은 감동 그 자체였다.

어린 시절부터 교회에 출석하던 나는 고등학교 3학년 때 고향 교회에 600번째 부흥회를 인도하러 오신 부흥 강사의 부흥회 인도 중 예언 기도 시간에 당시 수십 명의 학생들 중, 나 한 사람에게 목사가 되어야 한다는 예언과 담임 목사님의 추천으로 신학을 하는 사람으로 선택된 것이 한 때는 이해되지 않았다. 하지만 40여 년 동안 세상에서 가장 좋아하는 교회에서 사는 목회자가 되어 행복하다.

신학교 1학년을 마치고 국가의 부름을 받아 육군에 입대했다. 군생활을 시작한지 얼마 되지 않아 신학교 재학 중에 입대했다는 이유로 군종을 겸한 복무를 하게 되었다. 그러다 보니 늘 다른 장병들의 모범이 되어야 했다. 자칫 작은 실수라도 하게 되면 개인적인 비난에 그치지 않고, 교회를 욕되게 하고 나아가 하나님께도 누가 되는 결과를 가져오기 때문이었다.

한 번은 하루 일과를 마치고 야외 수돗가에서 샤워를 하고 내

무반으로 이동하는 중 산속에서 날아온 엄청난 숫자의 땅벌들에게 쏘여 마치 홍역을 앓는 아이처럼 온몸이 붉게 된 적이 있었다. 장병들 중에 몇몇은 벌에 쏘인 나를 염려하기보다는 하나님이 보호하시는 사람, 즉 교회에 다니는 사람 그것도 군종이 어떻게 그런 일을 당하느냐고 비난했다. 그 다음 날이 내가 속한 소대가 수색 정찰을 나가는 날이었는데 그 일로 인해 불참하게 되면 더 큰 비난이 따를 것 같아 조속한 회복과 훈련에 임할 수 있게 해 달라는 간절한 기도가 저절로 나왔다. 신기하게도 그날 밤 회복되어 다음 날 아침 훈련에 참가할 수 있게 되었고 따라서 비난의 목소리를 잠재우게 되었다.

그 이후로 부대에서 신앙생활 하는데도 그 일은 큰 도움이 되었고 물론 타의에 의해 선택되어 처음에는 부담스럽기도 했지만 마음껏 신앙생활을 할 수 있게 되어 그야말로 전화위복이 되었다.

지금 내가 시무하는 곳은 산골에 있는 작은 교회이다. 처음에 이곳에 부임하던 십여 년 전에는 세 아이들 중 첫째는 고등학교 3학년에 올라갈 때였고, 둘째는 고등학교에 입학할 때였고, 막내는 초등학교 2학년이 될 때로 모두가 학업이 중요한 시기였다. 지금도 아주 가끔씩 오가는 버스로 학생들의 통학이나 어른들의 시내에 다녀오는 길이 불편한 시골인데 이런 곳에서의 삶으로 혹시 학업에 지장을 초래하지 않을까 하는 생각에 여러모로 마음 졸였던 시간이었다.

나를 아끼던 지인들 역시 너무 열악한 교회 여건을 보고 크고 작은 염려의 마음이 있었다. 특별히 일 년에 설날과 추석 외에는 사실상 연중무휴로 일하는 고등학교 동창인, 군산에서 닭집을 운영하는 친구 내외가 특별히 가게 문을 닫고 찾아왔던 적이 있다. 마치 시집보낸 딸내미 집에 바리바리 물건을 들고 오는 친정어머니처럼 온갖 물건을 싸 들고 와 위로해 주었다. 그렇게 해 주고 돌아간 친구의 뒷모습은 지금도 눈에 선하다.

이렇게 많은 사람의 걱정 속에 시작한 산골의 목회 생활이었지만 적자생존이라는 말처럼 모두가 나름대로 주어진 자리에서 적응하여 이제는 첫째는 대학을 마치고 시집가서 아이를 낳았고, 둘째는 대학을 마치고 인턴이지만 해외로 취업을 나갔고, 막내는 대학생이 되었다. 이제 얼마 후면 군대에 가기 위해 신검도 받는다. 모두들 저마다 제 갈 길을 갈만큼 성장했다.

지금 사역하는 교회 역시 이런저런 일로 자주 목회자가 바뀌었다. 그러나 새 목회자는 신기하게도 십여 년 이상 시무한다며 좋아한다. 십여 년 가까운 세월 동안에 인사가 "언제 더 좋은 임지로 옮겨 갑니까?"였는데 이제는 자연스러운 동네 일원이 되었다. 어떤 때는 비료도 갖다 주고, 가끔씩 마음을 담아 이것저것을 챙겨 주는 것을 보면서 이곳으로 온 것이 지금은 마냥 행복하기만 하다.

7

할리우드
진돗개의 꿈

_박반석

N. America Christian Broadcasting Owner(북미크리스천방송국 회장)

U.C. Berkely. G.T.U.(유씨버클리대학 신학대학원. 지티유 S.F.T.S. 박사학위)

Native American Mission 15years(북미 원주민 선교 15년)

HYUNDAI Group Automobile Dept(현대그룹 현대자동차).

눈을 들어 하늘의 별을 통해, 온몸을 스치는 바람에 하나님의 손길을 느끼며 살고
있습니다. 한송이 꽃을 통해서 생명의 소중함을 알며, 주님의 은혜와 용서 그리고
죄인을 용서하는 아가페 사랑을 삶으로 드러내고 싶습니다.

bspbsp777@gmail.com

6살 꼬마가 나를 알아보다니

미국 하와이에 1990년도에 도착해서 공항 입국심사대에 미소를 띠고 박찬호 투수 스타일로 목례로 가볍게 인사하니 안면에 함박미소를 띤 입국심사관이 "Are you Korean?" 하고 물었던 기억이 난다. 미국에 30년쯤 살아 보니 가장 나를 드러내는 미국 라이프의 키워드는 "I am a Korean"이다. 외국에서는 누구를 만나나 I am a Korean이라는 말부터 시작하면 모든 인간관계가 아주 부드럽고 편안하게 진행되곤 했다.

한번은 라디오, 텔레비전 방송국 대표회의인 NAB(미 전국방송사업회) 회의 차 워싱톤 D.C. 본부 회의에 참여하고 나서 CBS 관계자 3명과 함께 레스토랑에서 점심식사를 하게 되었다. 손님이 많아서 대기표를 받고 대기실에서 앉아 이야기를 나누었다. 그러는 동안 건너편 의자에서 한국 말이 들려와서 고개를 들어 보니 한국인 부부와 할머니 한 분이 있었고, 대여섯 살 정도 되어 보이는 남자아이가 손에 자동차 장난감을 가지고 놀고 있었다. 아이를 중심으로 웃음꽃을 피우고 있는 모습을 볼 수 있었다.

아이가 장난감 자동차를 손에서 떨어뜨려서 그것이 우리 쪽으로 굴러 오기에 내가 그 장난감 자동차를 집어서 주려고 아이를 쳐다보았다. 그랬더니 할머니가 먼저 물으셨다.

"한국분이세요?"

"Yes, sir."

그러자 한국 사람끼리 만났다는 기쁨에 할머니가 미소를 띠며 고개를 끄떡이셨다. 그러자 젊은 부부는 나를 한번 보고는 서로 쳐다보며 한국말로 말했다.

"한국 사람처럼 안 보이는데, 여보?"

"그래 말이야. 한국 사람이라기보다 태국 사람처럼 생겼어."

이렇게 주고받는 것이었다. 그러자 나에게 장난감을 돌려받고 갔던 꼬마 아이가 "엄마, 엄마, 목사님이야." 하는 것이었다. 나는 깜짝 놀랐다. 기다리는 동안 이런 이야기, 저런 이야기를 나누면서 방송협회 일로 온 목사라고 소개했다. 아기 아빠가 말하기를 양복 입고 교회 오는 장로님, 집사님들도 많은데 아기가 신기하게도 목사님이라고 말하는 게 자신들도 너무 신기하다고 했다. 한국인으로 알아봐 준 할머니 때문에도 기분이 좋았지만 아이 눈에 비친 내가 목사로 비춰졌다는 게 얼마나 기쁜 일이었는지 모른다. 천국은 어린아이와 같지 않으면 못 들어간다고 성경은 말하고 있지 않은가? 순수하게 느끼고 보는 6살 어린아이에게 어떤 부분이 목사로 비춰졌는지 정말 나도 신기했다. 단지 나는 장난감을 주워 주며 머리를 한번 쓰다듬으면서 마음속으로 '예수님도 어린아이를 이렇게 안수하셨겠지.' 하는 생각을 했을 뿐이다.

요즘 세상에 어디가나 목사라고 떠벌릴 수 없는 세상에서 어린아이의 눈에 한국인 목사님으로 비춰져서 알게 하신 하나님의 은혜가 놀라웠다. 나는 미국인 사회에 속해 있어도 한국인이며, 한국인 목회자라는 책임을 가지고 한인 이민자들을 위해서 꼭 봉사하라는 하나님의 음성을 어린아이를 통해 들었던 감동의 시간이었다. 천국은 어린아이와 같지 않으면 들어갈 수 없다고 예수님이 말씀하셨는데 어린아이처럼 순수하게 하나님의 자녀로서 살아가는 한국인이 되어야겠다고 다짐했던 날이다. 그날 점심시간은 나의 키워드가 "한국인"에서 세 자가 더 붙은 "한국인 목사님"이 된 날이었다.

유씨버클리대학교에서 있었던 일이다. 이 대학교의 중앙도서관은 지하 5층으로 되어 있다. 미국의 타 대학은 대부분 지상으로 빌딩이 올라간 데 비해 매우 특이한 건물 구조다. 수십만 권의 각종 책자가 층층이 쌓여 있어서 구석에 책을 읽고 있는 나를 급한 일로 찾던 친구가 30분 이상을 헤맨 적도 있다. 친구 하나 찾아 달라고 실내 방송을 해서 각종 자료에 집중하고 있는 수많은 학생들을 방해할 수도 없고, 당시는 핸드폰도 흔치 않던 시절이라 여간 애를 먹은 게 아니었단다. 이 대학 도서관에는 한국어 서적도 웬만한 한국의 지역도서관보다 훨씬 많이 쌓여 있을 정도다. 시간날 때 한국어 책 섹션에 가서 책을 읽고 있으면 마치 한국 도서관에 와 앉아 있는 느낌이 들 정도였다.

이러한 책의 대양 속에서 박사논문을 쓰려고 원서 50권을 논문 작성에 관련된 참고서적으로 정하여 전체를 읽어 내는 고통은 산모가 아이를 낳는 고통이라고들 말했다. 그동안 말로만 듣던 그 고통을 뼈저리게 체험했다. 세 분의 지도교수 논문 테스트를 앞두고 준비하느라 한번 자리에 앉으면 점심도 거르고 저녁도 뛰어넘어 도서관에 거의 사람이 보이지 않을 때까지 정한 분량을 정독하고 자리에서 일어나는 때가 종종 있었다. 당시 도서관 사서들이, 각종 책을 찾느라 헤메는 한국인인 나를 친절하게 안내해 준 일은 지금까지도 고맙게 생각한다. 사서들에게도 "I'm a Korean" 하고 시작했더니 처음부터 마음 문을 열고 열심히 내가 책을 찾도록 도와준 일은 지금도 잊을 수가 없다.

누구 하나도 한국인인 나를 반기지 않는 사람이 없었다. 한국인이 책을 찾는데 도와 달라니 신기하기도 하고 또 재미도 있어 보이기도 한 모양이었다. 싸이가 유씨버클리대학에 와서 "강남 스타일"을 부르기 훨씬 전이었는데도 말이다. 밤이 되면 도서관에 사람이 거의 없다 보니 사서들이 책을 정리하면서 자기들끼리 하는 소리가 어렴풋이 어깨 너머로 들려올 때가 있었다.

"Hey, look at that Korean bookworm. He is still over there!(어머나, 저기 한국인 책벌레 좀 봐라, 쟤 아직도 자리에 앉아 있어!)"

그 말을 들을 때 왠지 기분이 좋았다. 지독히 공부한다고 하는 욕인지 칭찬인지는 몰라도 유씨버클리대학 도서관 사서들에게 나는 분명 내 이름 석 자 대신 "Korean"이 분명했다.

내 인생의 멘토

미국에서의 삶은 멘토를 찾기가 쉽지 않았다. 190여 개 국가에서 온 수많은 사람들이 모여 사는 곳이니 누가 나를 진정으로 이끌어 주고 또 누구를 본을 삼아 그 삶을 배울지를 정하기가 여간 어려운 게 아니었다. 미국에 발을 디디면 우선 생존에 힘쓰게 된다. 나 또한 1990년 초에 미국 땅을 밟은 후 완전히 다른 문화와 민족들을 대하니 먼저 생존에 힘쓸 수밖에 없었다. 멘토라 함은 잘 이끌어 주고 또 잘 배울 수 있는 롤 모델 같은 존재여야 하지 않는가? 말과 문화가 익숙한 한국에서는 어쩌면 더 익숙하게 멘토를 찾을 수 있었을런지도 모르겠다. 낯선 땅 미국에서는 정말 사람은 많은데 딱히 누구를 멘토로 정하기가 어려웠다.

매일매일 잘 알아듣지도 못하는 박사 과정 수업을 마치고 학교 기숙사에 돌아왔다. 저녁 먹고 난 후에 전 세계에서 온 대학원생들이 핑크빛 카페트가 깔린 카페 라운지에 정겹게 모여 유창한 영어로 이런저런 대화하는 모습을 볼 수 있었다. 나는 아직도 영어가 부족하다고 생각한 나머지 그들과 가볍게 눈인사만 하고 도리어 기숙사 방에 돌아와서는 영어성경을 펴서 읽기 시작했다. 한국에서는 킹제임스 영어성경이 주로 책꽂이에서 잠자던 것이었는데 미국에 와서는 수시로 읽는 가장 소중한 책이 되었다. 영어 단어를 찾아보며 그 뜻을 헤아리면서 가만히 눈을 감고 성경이 쓰였을 당시로 들어가 보는 시간을 가지곤 했다. 전에는 지식으로만 느끼기가 일쑤였던 예수 그리스도가 마치 직접 말씀해 주시는 것처럼 실제적인 멘토로 자리 잡기 시작했다. 십자가에서 모든 죄와 삶의 목표를 이미 다 이루었다고 2000년 전에 말씀하셨다. 수고하고 무거운 짐을 자신에게 가져와서 쉼을 얻으라 하시기에 정말 그 말씀대로 따라했더니 너무도 평온한 마음으로 박사과정을 따라갈 수 있었다.

구하라, 찾으라, 두드리라고 말씀하시는 그리스도 예수님의 그 깊은 뜻을 알아내고 따르려고 하는 착실한 수련생이 되기 시작했다. 바로 예수님이 살아 움직이는 멘토가 된 것이다. 또한 성경을 자세히 묵상하며 읽다 보니 성경 속 인물이 자연스럽게 나의 삶으로 들어와 영향력을 끼치기 시작했다.

한번은 사도 바울이 이방 전도를 하다가 죽을 고비를 넘겼다는 내용을 읽으며 "너도 이만큼 주님의 복음을 위해서 고생하고 죽어 보았느냐?"라는 가르침이 가슴을 때렸다.

> 그들이 그리스도의 일꾼입니까? 내가 정신 나간 사람같이 말합니다마는, 나는 더욱 그렇습니다. 나는 수고도 더 많이 하고, 감옥살이도 더 많이 하고, 매도 더 많이 맞고, 여러 번 죽을 뻔하였습니다. 유대 사람들에게서 마흔에서 하나를 뺀 매를 맞은 것이 다섯 번이요, 채찍으로 맞은 것이 세 번이요, 돌로 맞은 것이 한 번이요, 파선을 당한 것이 세 번이요, 밤

낮 꼬박 하루를 망망한 바다를 떠다녔습니다. 자주 여행하는 동안에는, 강물의 위험과 강도의 위험과 동족의 위험과 이방 사람의 위험과 도시의 위험과 광야의 위험과 바다의 위험과 거짓 형제의 위험을 당하였습니다. 수고와 고역에 시달리고, 여러 번 밤을 지새우고, 주리고, 목마르고, 여러 번 굶고, 추위에 떨고, 헐벗었습니다.(고후 11:23-27, 새번역)

미국이라는 거대한 나라에서 사람을 멘토로 정하기가 무척 어려웠던 이유가 바로 위의 성경구절 때문이었다. 사회보장이 잘되어 있는 나라다 보니 마약에 절어 길에서 누워 있는 게으름뱅이만 아니면 시당국에서 재워 주고 먹이고 입혀 주는 형편이었다. 대부분의 보통 사람은 거의 풍족하게 먹고 쓴다. 부족한 게 없다 보니 신앙적인 교제를 하며 삶을 배울 수 있는 멘토를 발견하기가 쉽지 않았다.

한번은 상담 코스를 3개월 등록해서 크리스천 선생님의 클래스를 수강한 적이 있다. 선생님이 제시하는 수업은 어떻게 사람을 대하고 생각하고 자세를 취하냐는 식이었다. 철저히 인본주의적 수업에 이역만리까지 와서 영적 양식에 갈급한 나에게는 별로 도움이 되지 않았다.

미국에 와서 공부한다고 밥도 제대로 먹을 시간이 없어서 고생을 한다고 엄살을 부리며 주변 가족들에게 죽는 시늉을 다 했던 나이기에 바울이 타국에서 살았던 삶을 되새겨 보며 많이 부끄러웠다. 나의 멘토인 예수 그리스도, 사도 바울은 지금도 나의 멘토로서 매 순간 가르침을 준다.

삶과 죽음을 넘어서는 영적 세계까지 끌어 주는 멘토의 가르침이 바로 성경 안에 있다는 것을 왜 젊은 시절에는 알지 못했는지 정말 모를 일이다. 형식에 얽매인 신앙생활을 하면서 넓은 길만 선택해서 살지 않았는지 돌아본다. 나를 위해 돌아가신 위대한 멘토되신 주님과 사도 바울의 가르침에 오늘도 옷깃을 바로하고 두 무릎을 꿇는다.

할리우드 진돗개의 꿈

꿈의 도시라고 불리는 로스앤젤레스의 할리우드 거리는 수많은 나라에서 온 관광객들로 언제나 인파가 넘친다. 너무 사람이 많아서 종종 유실물 센터를 지나다보면 가지각색의 분실물들이 쌓여 있는 것을 쉽게 볼 수 있다. 각자가 꿈꾸던 환락의 도시에 와서 무언가 자신이 꿈꾸던 것을 찾아 누리다 자기의 정말 귀중한 것을 잃어

버린 모습을 볼 수가 있다.

그런데 눈에 확 들어오는 진풍경을 보게 되었다. 우윳빛의 잘 생긴 진돗개가 눈에 띄었다. 개 주인은 멕시코인 부부인데 아마 이 한국산 진돗개를 입양을 했는지 구매를 했는지는 모르겠으나 목줄 도 안한 상태였다. 너무 반가운 한국 개라 잠시 의자에 앉아서 관찰 했다. 두 사람은 여기저기를 둘러보며 손을 잡고 꿈의 도시를 서로 이야기했다. 이곳저곳을 들어갔다 나갔다 하고 뭘 사서 봉투에 담아 오기도 하는 것도 보았다. 그런데 주인들은 도시의 꿈을 뒤쫓느라 정신이 없는 반면에 진돗개의 유일한 꿈은 할리우드가 아니었다. 수 많은 인파 속에서 어떻게 해서라도 이리저리 돌아다니는 주인을 놓 치지 않기 위해서 그 뒤를 바짝 쫓아다니며 주인이 입에 넣어 주는 간식을 먹는 것이 유일한 꿈처럼 보였다. 딴 곳은 눈길 한번 안 돌리 고 주인의 움직임을 따라 사람들 사이를 요리조리 피해서 따라가는 모습이 너무 신기했다. 가게에 들어가서 물건을 사는 주인의 모습을 놓치지 않으려고 노력하는 모습은 참으로 놀라왔다.

샌프란시스코의 바닷가는 하얀 모래 해변으로 유명하다. 맨발 로 걸어다니면 그 기분은 하늘의 하얀 구름을 밟는 것 같은 기분이 다. 해변을 걷다 보니 여기저기 모래 위에 앉아서 멀리 수평선을 바 라보며 지나가는 배들을 구경하는 사람들을 발견하곤 했다.

미국 크리스천방송네트워크를 통해서 대담은 주로 유명 목사님을 대상으로 했지만, 어느 날 일반 대중 속에 들어가 그들이 가지고 있는 꿈을 물어보고 듣는 것을 방송하기로 했다.

"Excuse me, Sir. May I ask what is your dream?(최송하지만 선생님, 제가 혹시 꿈을 여쭤 봐도 되겠는지요?)"

대부분의 사람들이 흔쾌히 대답을 해 주었다.

"이곳 바닷가 근처의 보이는 집들 중의 하나를 가졌으면 해요."

"10년 내에 지금 하는 장사를 통해 밀리언에어가 됐으면 합니다."

"우리 아들이 군대에서 무사히 제대해서 돌아오기를 기도하고 있습니다."

"빨리 본국으로 공부를 마치고 돌아가고 싶네요."

수많은 꿈을 들어보며 문득 "나의 꿈은?" 하고 자문해 보았다. 미국 시민권을 빨리 받게 되는 것이 꿈인가? 유명인사가 되는 게 꿈 아니었나? 항상 눈앞에 일회적인 꿈을 꾸고 그것을 실현하기 위해 정신없이 질주해 왔던 나의 모습이 갑자기 부끄러워지기 시작했다.

하나님이 나에 대해 꿈꾸고 계신 것이 분명히 있을 텐데 나를 향하신 그 꿈이 무엇일까? 하는 생각으로 나의 진정한 꿈을 돌아본 샌프란시스코 금문교 방송 녹화일을 기억한다. 나만을 위한 삶도 소중하고, 내 가족을 위한 꿈도 귀하며, 내 민족을 위해 봉사한다는 꿈도 고귀한 것은 맞다. 그러나 어쩐지 그러한 꿈은 누구나 꾸는 꿈일 것이란 생각이 들었다. 일을 마치고 사무실에 돌아와서 성경을 펴보았다. 다음 구절이 눈에 밝히 들어왔다.

> "그런 다음에, 내가 모든 사람에게 나의 영을 부어 주겠다.
> 너희의 아들딸은 예언을 하고, 노인들은 꿈을 꾸고, 젊은이
> 들은 환상을 볼 것이다(욜 2:28)."

그렇다. 나의 꿈이 여기 적혀 있구나. 왜 내가 여기에 들어와 그들과 머리를 부딪쳐 가며 힘든 박사학위를 취득했고, 미국 엔터테인먼트 속에 들어가서 크리스천 방송을 통해 주의 복음편을 만들어 내보냈는가? 바로 이 일이다. 주님의 구원 계획을 모든 사람이 알도록 하는 것이 나의 꿈이다. 한 사람이라도 지옥가지 않고 천국 기차에 올라타도록 하나님의 영을 알고 주님께로 돌아오도록 더욱더 힘써야 하겠다.

젊은이들이 게임하고 술, 담배에 취해서 돌아가는 것을 끊고, 주님의 말씀이 이 세계에서 어떻게 현실로 이루어지는지를 발견케 하며, 주님의 말씀을 연구하며 주의 환상을 바라보게 해야겠다. 주

의 말씀을 예언하는 사람들로 바뀌도록 적극적으로 물질과 시간을 저들에게 투자해야 하는 것이 나의 꿈이다. 노인들이 환경을 탓하며 과거에 붙잡혀 자포자기하여 사회의 거추장스러운 장애물로 남는 것이 아니라 저들이 남은 생을 아껴 후대들을 위해 기도하는, 힘 닿는 데까지 봉사하는 것이 삶의 마지막 목표가 되도록 도와 드리는 것이 나의 꿈이다. 이것을 알고 그 기쁨에 동이 트는 새벽녘까지 혼자 찬송하며 기도한 적이 있다. 나의 꿈은 예수님처럼 하늘나라의 꿈을 전파하다가 주님 품으로 가는 것이다.

노숙자가 만난 하나님

샌프란시스코 유니온 스퀘어는 캘리포니아에서 손꼽히는 아름다운 도시이다. 광장에 사람들이 모여서 음료를 마시며 주변 건물 앞에서 사진도 찍는 곳이다. 파웰 거리를 오가는 샌프란시스코 시내 트롤리 전차에 매달려 가는 청년의 모습은 아슬아슬하다. 저러다 떨어지면 어쩌나 할 정도로 위태로워 보이지만, 카우보이처럼 소리 지르며 매달려 가는 모습은 광장에 모인 시민과 관광객들에게 볼거리가 되곤 한다.

그러나 정말 내 시선을 강력하게 끈 것은 바로 노숙자 백인 할아버지가 트롤리 전차 옆을 달리는 모습이었다. 다 찌그러진, 폐기 일보 직전의 자전거를 개조해서 뒷좌석 나무판에 페인트로 쓴 널빤지를 달고 페달을 온 힘을 다해 밟으며 광장을 가로질러 달리는 것이었다.

서울역이나 용산역 광장 근처에서 보았던 노숙자들은 거의 박스나 신문지를 깔고 앉아서 밥그릇 하나를 놓고 애처로운 표정으로 지나가는 행인들에게 구걸했던 모습이었다. 그러나 이 샌프란시스코 노숙자는 얼굴에 기쁨과 환희가 넘치는, 마치 거룩한 천사의 모습처럼 보였다 .

"Jesus is the Lord, Believe in Him, He will give you true rest and Heaven,"
"예수님은 구주이십니다. 주님을 신의 존재로 믿으세요. 주님이 당신에게 참 평안과 천국을 주십니다."

이런 내용을 쓴 판자를 자전거 뒤에 달고 달리는 모습을 보는 내 눈가엔 눈물이 흘렀다. 비록 노숙자지만 자리에 앉아 동냥만 하는 것이 아니라 자신이 만난 하나님을 전하고 싶어서 꼬부랑꼬부랑

(첫 줄은 파란 페인트로 써져 있는데, 둘째 줄 중간부터는 노란 페인트, 빨간 페인트를 섞어서), 정말 피카소보다 더 위대한 작품을 매달고 하늘을 향해 달리는 천군천사의 마차를 보는 것 같았다. 노숙자가 만난 하나님과 내가 만난 하나님의 본질은 똑같은 것이다. 나를 구원하시기 위해 십자가에 달리신 주님을 누구든지 믿기만 하면 멸망하지 않고 영생을 얻으리라고 하신 말씀은 누구에게나 적용되는 진리이다. 마음속에 뜨거운 성령님의 감격이 샘솟았다. 노숙자 할아버지가 나를 완전히 지나치기 전에 뭔가를 주고 싶어서 주머니에 손을 넣어 보니 5달러짜리 지폐가 잡혀서 노숙자 할아버지에게 다가가 손에 쥐어 주었다.

"God bless you, brother!"

"You too, sir."

노숙자 할어버지는 가던 길을 계속 가셨다. 페달을 다시 힘차게 밟으며 아주 경쾌한 목소리로 "Blessed assurance Jesus is mine(예수로 나의 구주삼고)"을 부르면서 순례자의 길을 가고 있었다. 사람이 누리는 복 중에 하나님을 만났다는 것은 매우 큰 복이라 믿는다. 하나님이라는 존재조차도 거부하는 사람이 대부분인 세상에서 예수님을 구주로 인정한다는 것은 놀라운 복이다. 그러나 예수님과 3년이나 동고동락을 한 제자들이 예수님이 십자가에서 처형 받고 돌아가셨을 때, 자신이 주님을 만난 것을 엄청 후회하며 도망가다가 자신이 만난 예수님을 저주까지 했던 베드로가 있었다고 성경은 기록하고 있다. 자신이 만난 하나님이 가짜라고 생각해 예수님을 팔아먹고 목을 매어 자살한 유다도 있다는 것을 읽어 보면 내가 만난 하나님을 함부로 자랑하며 남들에게 표현하기가 매우 조심스럽기까지 하다. 영원히 하나님을 배반하면 안 되기 때문이리라.

나는 한국에서는 어릴 때부터 3대가 예수님을 믿는 가정이라, 당연히 하나님을 잘 믿는 줄 알고 하나님을 매일 만나며 산다고 생각했다. 하나님과 함께 사는 특권을 엄청난 행복으로 알고 하나님을 못 만난 사람들에게 하나님을 만나라고 무척 열심히 전도하며 살았다. 그런데 홀로 미국에 들어가서 인종차별 문제로 멕시칸과 흑인들의 피 튀기는 총격 속에서 살아남기 위해 "주여!"를 외치며 건물 밖으로 뛰어나갈 때 천사가 나를 안고 함께 뛰어 주시는 하나님을 체험했다. 진실로 방패요 산성이신 하나님을 만났다.

샌프란시스코에서 로스앤젤레스까지는 대략 8시간 정도를 달려야 도착할 수 있는 거리다. 늦게까지 방송세미나를 마치고 방송국 미팅을 위해서 쉬지 않고 곧바로 차를 몰고 출발한 적이 있다. 얼마나 먼 거리인지 서울에서 부산을 가는 거리의 두 배다 보니 출발은 평온한 날씨에 기분 좋게 잘했는데, 삼분의 이쯤 지나서 주변이 후

끈후끈한(평소의 기후와는 다른) 열대지방 날씨로 변했다. 와이퍼를 최고 속도로 올렸어도 정면 1미터를 식별 못할 정도로 폭우가 쏟아지기 시작하는 기후이변이 일어났다. 그러한 천재지변 중에도 마치 서부영화를 즐기듯 엄청난 속도를 내며 지나가는 바퀴 20개 달린 트럭이 다 지나갈 동안 물 폭포가 내 차를 뒤엎어 차가 뒤집어질 정도의 흔들림을 느꼈다. 내가 "주여! 주여!"를 계속 부르짖으며 헤매다 급기야 차가 도로에 고인 빗물에 미끄러져서 브레이크를 밟았다. 그러자 차가 양쪽 도로 중간에 만들어 놓은 완충지대를 ABS장치(급정거 시 차가 넘어지지 않도록 붙잡아 주는 시스템)에 의해 빙글빙글 돌며 반대차선까지 밀려났다.

서부 대륙 남북 간의 화물을 수송하는 그 많은 트럭이 만약 반대 차선으로 지나가고 있었다면 내 차는 아마도 납작한 오징어가 되었을 것이다. 놀랍게도 하나님은 천사들을 반대편에 보내시어 내 차에 접근하지 못하도록, 마치 퍼시픽하이웨이 순찰차가 그 넓은 고속도로를 통제하듯 트럭은커녕 승용차 한 대도 오지 못하도록 하신 것 같았다. 잠시 순간적으로 두 눈을 감았다가 눈을 다시 떠서 중간에 설치된 도로 완충지대를 통과하여 원래 차선으로 차를 몰고 올라오니 반대편에서 온갖 트럭과 승용차가 무리지어 오는 모습이 보였다. 내가 부르짖을 때 하나님은 반드시 나를 만나 주셨고, 천사들을 보내 구해 주셨다.

　내가 만난 하나님은 내가 평온할 때는 그 존재를 잘 느끼지 못하지만 어려움과 위기에 처할 때는 반드시 실제적으로 손에 느껴질 수 있도록 만나 주시는 좋으신 하나님이시다.

> 너희는 여호와를 만날 만한 때에 찾으라 가까이 계실 때에
> 그를 부르라(사 55:6).

8

희망을 이야기하며
희망을 노래한다

_ 임동택

연세대학교 연합신학대학원, LA Bethesda University M.Div., 코칭 상담학을 전공하였다. 부모님의 따뜻한 모닥불 같은 사랑과 대나무 같은 곧은 믿음을 본받았다. 성실을 식물로 삼고 지금까지 삼십 년이 넘도록 목양과 카운슬링을 한다.
저서로는 『바라보며 뒤돌아보며』(청실), 『아빠의 비전 자존감』(북메이크) 등이 있다. 현재는 여의도순복음교회 상담소장, 연세대학교 연합신학대학원 17기 동문회장으로 활동을 하고 있다.

limtaek1191@hanmail.net

균형 있는 가정 행복

꽃피는 춘삼월이 다가왔다. 여기저기 싹이 나고 꽃이 핀다. 비바람과 내리쬐는 햇볕을 받아 가며 열매를 기약한다. 내가 바라던 소망도 반드시 이루어질 것을 꿈꾸면서 세월도 힘차게 흐르고 있다.

지난 세월을 상기하면서 네모난 상자 안에 가득 들어 있는 많은 단어를 생각해 본다. 가로 세로 대각선으로 빼곡히 적혀 있는 퍼즐 조각 같다. 한눈에 읽어 낼 수 없는 글씨로 가득한 그림을 그려 본다. 처음 눈에 들어온 세 단어가 내가 이루고자 하는 소망이라 했다. 호기심으로 바라보았다. 그 네모 상자에 가득 찬 글씨들 중에 눈에 가장 먼저 들어온 세 단어는 건강, 행복, 열정이었다.

그 외에 다른 단어도 천천히 눈에 들어왔다. 지혜, 경험, 배움, 사역, 사람, 사랑, 여행 등. 신기하게도 그런 단어들은 잠시 바라보고 나서야 읽어 낼 수 있었다. 아마도 내 머릿속에 우선순위가 먼저 눈에 띠는 것이리라.

그 속에 담긴 수많은 단어, 하나하나 들여다보면 다 가치 있고 소중한 것이다. 누구나 원하고 이루고 싶은 꿈. 하지만 모든 것을 이루려고 욕심을 내다보면 무엇 하나 제대로 이루기 어렵다.

나다움, 내가 정말 찾고자 하는 인생의 진정한 가치이다. 나는 어느 방향으로 나아가고 싶은지, 인생의 키워드를 적어 본다. 그러면서도 시대를 읽는 4차 산업혁명 시대의 미래 교육도 생각해 본다. 미래에 살아남을 수 있는 공감 능력, 소통 능력을 키우는 균형 있는 가정 행복은 인생의 키워드 중 올해의 목표를 이루는 사역만큼이나 중요하다.

첫 번째 키워드로 건강(health)한 삶이다

백세시대에 건강이 가장 중요하다는 것은 우리 모두 안다. 하지만 건강을 위해서는 꾸준한 습관이 중요하다. 한 설문조사 결과에 따르면 30대 남성이 건강관리에 가장 소홀하다고 한다. 건강을 과신해서 건강을 위한 노력을 게을리 하기 때문이다.

신체 나이는 개인의 노력 여하에 따라 얼마든지 달라질 수 있다. 40대라도 노력하지 않는 사람의 신체 나이는 노년이 될 수 있다.

50대인데도 신체 나이가 20대 청년인 분도 있다. 규칙적으로 운동하고 건강한 먹거리를 찾아 먹는 매일의 노력이 쌓여 건강한 몸이 된다. 습관적으로 운동하고, 아침식사도 하고, 영양제를 챙겨 먹는다. 효소 물과 생수를 자주 마신다. 얼굴로 미소 운동도 하고 신체 나이에 신경을 쓰게 된다. 건강은 아무리 강조해도 지나치지 않는다. 몸에 배도록 습관화되기는 요원한 것 같다. 늦었다고 할 때가 시작점이다. 아직 시작하지 않는 사람은 지금이 바로 시작할 때이다. 평소에 과식하지 않도록 신경쓰며 몸의 균형을 생각한다. 몸의 균형 유지 방법으로 긍정적인 생각과 걷기 운동이 좋다. 가까운 학교나 한강 주변을 걷는다. 날씨가 따뜻하면 맨발로 걷기와 등산을 한다.

살아생전 부모님은 새벽마다 자전거를 타고 교회를 다니셨던 덕분에 건강하셨다. 농사로 7남매를 양육하신 부모님이야말로 건강의 모델이셨다. 새벽기도가 시작되기 전에 남들보다 먼저 일어나 평생 새벽종을 치셨던 부모님 덕분에 나도 일찍 일어나는 습관을 갖게 되었고 그것이 지금까지 건강한 몸을 유지하게 했다.

헝가리 선교사 시절, 대상포진에 걸렸을 때 선교를 포기해야 하나 생각했었다. 어느 날 등에 작은 물집이 생겼는데 대수롭지 않게 여기고 연고만 발랐다. 며칠이 지나니 온몸에 열꽃이 퍼지고 목부터 엉덩이 부근까지 벌건 물집이 생겼다. 진물이 흐르고 온몸이

쑤시고 열이 나더니 나중에 뼈마디까지 아팠다. 고통이 심해 잠을 잘 수도, 누울 수도 없을 정도였다. 목이 돌아가고 눈동자도 희미해졌다. 아들은 몸을 소독하고 연고를 발라 주었다. 눈뜨고 볼 수 없을 정도라고 아내는 눈물로 말했다. '이러다 선교지서 순교하는 건가?' 이런 마음이 들 정도였다. 그때 온몸에 악창이 나 기왓장으로 긁었던 욥의 고난을 생각했다. 선교지의 의료시설이 한국과는 비교되지 않을 정도로 열악했기에 적절한 대처가 늦어졌다. 할 수 있는 일이라곤 기도밖에 없었다. 동료 선교사들이 와서 예배를 드리고 합심기도를 했다. 목이 돌아가고 눈동자가 희미한 상태로 설교를 하니 뒤에서 아내가 눈물을 흘리고 성도들은 안타까워했다. '선교가 무엇이기에 이러십니까?' 하는 의문도 생겼다. 그리스도의 고난에 동참하는 것이라 생각하니 그나마 견뎌 낼 힘이 생겼다.

　　죽도록 고생한 후에 주님의 은혜를 입어 목이 돌아오고 눈동자도 바로 잡히고 대상포진도 아물었다. 그때 나는 이 말씀의 의미를 온몸으로 받아들일 수 있었다.

　　　　내 형제들아 너희가 여러 가지 시험을 당하거든 온전히 기쁘게 여기라 이는 너희 믿음의 시련이 인내를 만들어 내는 줄 너희가 앎이라 인내를 온전히 이루라 이는 너희로 온전하고 구비하여 조금도 부족함이 없게 하려 함이라(약 1:2-4).

또 한 번의 고비는 7년 선교를 마치고 오는 해였다. 선교대회에 참여하기 위해 한국에 와 있던 해였는데, 한국에 온 김에 미루었던 정기검진을 했다. 그런데 치과에서 청천벽력 같은 소리를 했다. 치아가 상할 대로 상했기에 치아를 다 **빼야** 한다는 것이었다. 믿기지 않아 치과 두 곳을 더 가 보았다. 검진 결과는 동일했다. 중년에 이런 일이 일어나다니 정말 믿을 수 없었다. 지금까지 치아 때문에 고생한 적이 단 한 번도 없었다. 어릴 적 집안이 너무 가난해서 사탕사 먹을 돈이 없어서 사탕 하나 제대로 사 먹지 못했던 나였다. 대신 치아가 약한 사람은 아내였다. 아내는 집안이 부유하여 사탕을 많이 먹고 자랐다고 한다. 그래서 종종 "당신은 어린 시절 사탕을 먹어서 이가 썩었고, 나는 사탕을 안 먹어서 하나도 안 썩었지.'" 이렇게 놀리곤 했다.

치아를 한꺼번에 다 **빼야** 할 정도라면 그 이유는 단연코 스트레스 때문이었을 것이다. 음식과 문화가 달랐을 것이고, 무엇보다 낯선 이국 땅에서 선교사라는 직임을 감당하느라 겉으로는 강한 척했지만 마음으로 늘 큰 짐을 지고 있었고, 그 부담감이 치아를 손상시켰을 것이다. 세월호 침몰로 자녀를 잃은 부모들이 몇 년 사이에 치아를 다 잃었다는 이야기를 들었는데 나는 누구보다 그 상황을 이해할 수 있었다.

　나는 용기 내어 치과에서 열세 개의 치아에 임플란트를 했다. 몇 시간 임플란트 수술을 마치고 나오니 얼굴이 퉁퉁 부은 데다 입까지 비뚤어져 있었다. 그런 모습을 본 딸이 경악하며 "세상에 아빠! 아빠! 우리 아빠 많이 아파서 어떡해."라며 통곡했다. 아내도 외계인이 나오는 줄 알았다며 손수건으로 눈물을 찍어 냈다.

　임플란트 시술 이후 일 년 동안은 물렁한 음식만 먹었다. 치아가 좋지 않아 음식을 제대로 섭취 못하면 인간의 수명이 짧아진다는 것을 새삼 느꼈다. 무 하나도 제대로 씹지 못하는 게 얼마나 큰 손실인지 몰랐다. 총각무 하나를 입에 넣고 와그작와그작 소리를 내면서 씹어 보는 게 소원이었다.

　나뿐 아니라 아내를 통해서도 건강의 소중함을 절실히 느낄 수 있었다. 아내의 젊은 시절에는 발목을 수술하는 일도 있었고, 나이가 들어가면서 자궁에 커다란 혹을 제거하는 대수술을 받기도 했었다. 수술하고 회복되는 과정, 그 이후로도 몇 번 이어지는 크고 작은 질병을 통해 주님을 더욱 의지하며 건강을 우선순위로 택한 것이다. 그때만큼 간절히 기도한 적이 없다.

두 번째 키워드로 가정 행복이다

행복이란 말은 우리가 늘 쓰는 말이지만 솔직히 막연한 말이다. 나는 행복이라는 말을 떠올리면 늘 부모님을 먼저 생각하게 되는데, 그분들은 나에게 행복의 모델이셨다. 서로 아끼며 잉꼬부부로 사셨던 부모님의 삶을 보면서 진정한 행복은 서로 아끼고 사랑해 주는 것임을 발견했다. 평생을 두 분이 베개 하나로 주무시며 사셨고 어려운 살림에도 7남매를 성실한 땀으로, 기도로 키우셨다. 많이 가르치지 못해 늘 마음 아파하셨지만 누구보다도 큰 사랑을 주셨고 믿음을 주셨다. 누군가 나를 믿어 준다는 사실은 큰 행복인데, 부모님께서는 늘 나를 믿어 주시고 자랑스러워 하셨다.

지금의 가정 행복은 부모님의 가장 큰 유산이다. 자녀들도 이사실을 알기에 든든하다. 우리 부부는 일찍이 가정사역을 시작했다. 아내의 권유에 못 이겨 따라간 것이다. 주님의 인도하심이었다고 생각한다. 26년이 넘는 세월이다.

올해는 우리 부부가 결혼한지가 34년 되던 해이다. 지구촌가정훈련원에서 주관하는 부부행복학교 프로그램을 접하면서 인간의 일생을 통한 발달과정, 의사소통 방법, 갈등을 대처하는 기술을 배웠다. 초급, 중급, 리더 과정을 거치면서 리더 부부가 되었다. 리더 부부란 부부행복학교 초급 과정에 지원한 부부들을 자신의 가정에 초청해서 격주로 12회 6개월 동안 주어진 교재에 따라 모임을 진행하는 부부를 말한다. 다른 부부들을 6개월 동안 때마다 음식을 만들고, 기도로 다른 부부들을 섬기면서 오히려 우리가 먼저 변화되고 성장했다. 부부가 가정사역자로 살면서 서로 틀림이 아닌 다름을, 서로의 어린 시절 살아온 이야기를 많이 나누었다. 자녀 교육과 가정 행복 상담에 관한 공부를 지금까지 한 셈이다. 남녀의 생리적, 심리적, 사회적 욕구라는 차이를 이해하지 않고는 행복한 결혼생활을 유지한다는 것이 힘들다. 가정사역을 통해 부부들이 힘들어하고 역기능적인 가정에서 자란 자녀가 아파하는 것을 많이 보았다. 그 때문에 선교사 시절에도 유학생, 청년들과 젊은 부부들을 인도하면서 서로가 서로에게 거울이 될 수 있도록 도왔다. 그래서 거울을 보는 것 같이 서로가 치유되며 빠른 변화와 성장을 가져왔다.

가정사역은 부부가 서로가 돕는 자로 세워 나가는 것이다. 하나님께서는 남자와 여자가 서로 동등하며 서로가 의지하며 살도록 창조하셨다. 좋은 남편과 아내를 만나는 것은 가장 큰 축복이다. 좋은 관계를 유지하는 것이 가정사역의 큰 사명이다. 그 줄기가 자녀 세대까지 이어진다. 부부관계가 행복할 때 자녀들이 정상적인 발달 단계를 거친다. 분리하며 독립을 배우고 개별화, 분화에 성공하며 건강한 어른이 된다. 부부 행복이 인생을 살아가는 데 최고의 행복임을 자부한다. 지금까지 가정사역자 부부로 살아가면서 인격을 치료해야 삶이 바뀐다는 것을 보았다. 부부 치료의 의미로 영적인 통찰을 통해 자존감을 회복시켜 나가는 것을 사명으로 알고 살아간다.

꿈을 이루어도 내 마음 상태가 힘들면 행복하지 않다. 하루하루 내 마음을 잘 들여다보고 보살핀다. 행복은 자신에게 솔직하고, 상대가 아닌 내 목소리에 민감하고, 주님 음성에 초점을 맞추면 마음속의 평안도 지킬 수 있으리라 믿는다.

사도 바울은 말 많고 탈 많고 가장 시끄러운 교회였던 고린도 교회에 편지를 보내면서 모든 문제의 해결방법으로 사랑을 제시했다. 부부간의 문제는 사랑하면 단번에 끝나는 것이다.

> 사랑은 오래 참고 사랑은 온유하며 시기하지 아니하며 사랑은 자랑하지 아니하며 교만하지 아니하며 무례히 행하지 아니하며 자기의 유익을 구하지 아니하며 성내지 아니하며 악한 것을 생각하지 아니하며 불의를 기뻐하지 아니하며 진리와 함께 기뻐하고 모든 것을 참으며 모든 것을 믿으며 모든 것을 바라며 모든 것을 견디느니라(고전 13:4-7).

세 번째 키워드는 열정(passion)이다

나는 어떠한 일이든 열정을 가지고 산다. 후세의 시인들이 진정한 사랑은 그리스도가 십자가에 못 박혀 죽은 것처럼 아픈 것이라며 'passion'을 '남녀 간의 불타는 사랑'이라는 뜻으로 사용하기 시작했다. 남녀 간의 열정이라는 뜻인 'passion'은 원래 '아픔'이라는 의미를 지녔다. 열정적인 삶을 산다는 것이 그만큼 아픔을 견뎌 낸다는 뜻이요, 또 아픔조차 잊고 있는 몰입상태를 지칭하는 것이다.

열정적인 사람은 늘 젊어 보인다. 늘 성장한다. 사고의 깊이만큼 사람의 깊이도 깊어진다. 그래서 사람에겐 눈앞의 성공보다 그 이상을 꿈꿀 수 있는 기상을 키우는 믿음의 열정이 필요하다. 긍정적인 생각이 열정으로 가게 하는 지름길이다. 열정이 있는 사람은 하나님의 때에 사용하신다. 속사람의 가능성을 알아보시는 것이다.

추상적인 것으로 들릴 수도 있지만 이 키워드들은 내가 올해 어떤 선택을 할 때 그 기준이 될 것이다. 그리고 그 기준으로 인해 1년, 5년, 10년 후에는 내가 원하는 모습에 좀 더 인생의 깊이가 녹아 있는 모습으로 서 있을 것이다.

열정은 쉼 없는 평생 공부다. 목회를 하면서도 가정사역 심리상담과 코칭전문가, 인격심리사, 사회복지를 공부했다. 부모님과 아내의 기도로 이루어진 것이라 생각한다. 성도들의 아픔과 상처를 공감하며 제자훈련과 가정사역을 해 왔다. 자신에게 성실하게 살아왔다고 칭찬하고 싶다.

또 내면 아이의 놀고 싶은 욕구를 채우고 싶어 강남뮤지컬에 입단했다. 강남구청에서 구민들을 위해 후원하여 연극과 뮤지컬에 재능 있는 사람들을 모집하여 만들어진 단체이다. 여기에는 의사, 변호사, 목사, 공무원, 주부, 작가 등 다양한 사람들로 구성되었다. 이곳에 들어가 6개월 연습을 하고 "빨래"라는 뮤지컬에서 서점 사장 역할로 출연했다. 뮤지컬 공연하는 날, 친구들을 초대하니 모두 놀라워했다. 그러기까지 집에서 "책 속에 길이 있네, 책 속에 길이 있네."라는 대사를 거울을 보면서 수없이 연습했다. 연습하는 기간 동안 얼마나 행복한지 하늘을 나는 기분이었다. 자신이 하고 싶은 일을 찾아 하는 것이 인생을 잘 사는 것이다. 나는 자녀들에게 늘 자신이 행복한 일을 하라고, 강점을 찾아서 좋아하는 일을 하라고 늘 말해 왔다. 무슨 일을 하든지 행복하고 선한 영향력을 나누는 삶을 기도한다.

> 나를 사랑하는 자들이 나의 사랑을 입으며 나를 간절히 찾는
>
> 자가 나를 만날 것이니라(잠 8:17).

내 인생의 마스터 키

오래 전, 외국에서 트로이 목마를 보면서 멘토를 생각한 적이 있다. 멘토는 경험과 지식을 바탕으로 다른 사람을 지도하고 조언해 주는 사람이다. 멘토란 어휘는 그리스신화에서 오디세우스가 트로이 전쟁을 위해 떠나면서 자신이 없는 동안 아들 테리마커스를 보호해 주도록 부탁했던 지혜로운 노인의 이름에서 비롯되었고 오늘날 조직에서 도움을 주는 사람을 멘토라 한다. 즉 멘토란 조직에서 후진들에게 조언해 주고 도움을 주는 사람이라 할 수 있다. 도움을 받는 사람을 멘티(mentee) 또는 프로티제(protégé)라고 한다. 우리말로 멘토와 관련 있는 단어로 선생님, 선배님, 스승, 호칭으로 들 수 있다.

나의 멘토는 위대한 중보자로 오셔서 인류 구원사역을 이루신 예수 그리스도이시다. 특별히 인생의 길목마다 주님께서 준비해 주신 나침반 같은 멘토들을 생각할 때마다 하나님께서 나를 무척이나 사랑하신다는 확신을 갖게 된다.

돌이켜 생각해 보면 나는 10년 단위로 닮고 싶은 멘토들이 있었다. 첫 번째로 유난히 나를 사랑해 주시던 할머니가 떠오른다. 아버지 형제가 네 형제였는데 여러 조카 손자들 중에 유독 할머니의 사랑을 독차지하며 자랐다. 내가 어릴 때 장군처럼 생겼다고 늘 칭찬해 주시고 어디를 가든 업고 다니셨다. 심지어 내 새끼가 싼 것은 똥조차 예쁘다고 했다. 동네 이장을 하시며 귀품 있는 자태와 인품으로 마을 사람들에게 절대적 리더십을 발휘하는 카리스마가 있는 분이셨다. 할머니에게 사람들은 복종했으며 할머니만 보면 그분 앞에서 쩔쩔매던 동네분들이었다. 일처리가 안 되는 것도 확실하게 되게 하여 사람들과의 관계를 통해 존경을 받던 모습이 지금도 생생하게 떠오른다.

철없는 10대에는 만화 속의 주인공인 검을 잘 쓰는 진걸이가 나의 우상이었다. 전체 10권짜리로 빌려온 만화책이었다. 그래서 그의 검법 하나하나를 책에 적힌 선율 그대로 흉내 내며 홀로 연마하고 또 연마했다. 얼마나 연습을 했는지 실제 나는 고수가 되어 있었다. 또래 아이들과 전쟁놀이를 하면 내가 휘두르는 칼에 모두 나가 떨어져 뒹굴었다. 탄복을 자아낼 정도다. 비록 만화책 속에 있는 그림 교본이지만 연습을 반복하고 또 반복하다 보니 몸이 자동으로 반응하는 스키마(SCHIMA) 상태가 되었던 것이다. 반복의 위력이 무섭다는 것을 이때 알았다. 어렸을 때 분출되는 열정 에너지를 이렇게 쏟아 내며 마음의 정서를 채웠다. 지금도 그때를 생각하면 멋진 검객이 된 나의 모습이 떠오른다. 아직도 그때의 모습이 아련하다. 온 방을 만화로 도배하면서 상상 이미지로 친구 같은 멘토를 삼은 것이 아직도 생생하다.

20대 섬유회사를 다닐 때, 틈만 나면 독서를 하는 동료 선배가 있었다. 그의 말은 언제나 은쟁반의 옥구슬처럼 자르르 흘렀고 해박한 지식을 가지고 있었다. 지금도 나는 바쁘게 살아가면서 당시 그분의 박식한 지식과 책을 통해 술술 나오는 언어의 마술사로 불릴 만큼 독서에 대한 중요성을 인식하고 있다.

31년간, 조선 선교사로 파송 받은 언더우드

헝가리에서 7년간 선교를 마치고 돌아왔다. 연세대학교 연합신학대학원에서 공부할 때이다. 한국 땅에 복음의 초석을 놓은 언더우드 선교사야말로 이 땅의 모든 선교사들의 멘토가 아니겠는가? 언더우드는 1859년 7월 19일 영국 런던 출생, 1872년 그의 나이 13세 때 미국으로 건너갔다. 요셉이 13살에 팔려 애굽으로 갔을 때와 동일한 나이이다. 그는 1881년 뉴욕대학교를 졸업하였으며, 같은 해부터 1884년까지 뉴브런스위크신학교에서 공부했다. 언더우드 선교사는 신학교 연맹에서 조선 민족에 관한 소식을 듣게 되었다.

"지금 조선은 1,300만 민족이 복음이 무엇인지 전혀 모르는 채,

가난과 질병과 학대 속에서 쓰러져 가고 있습니다. 그 나라가 드디어 작년에 문호를 열었습니다. 주님은 여러분 중에 누군가가 조선 민족을 위해 선교사로 갈 것을 부르시고 계십니다."

"너는 왜 못 가느냐?"

그것은 자신의 목소리나 자신의 뜻이 아니었다. 그것은 분명한 부르심의 메시지였다.

"그렇다. 왜 나는 못 가는가?"

언더우드는 부활주일인 1885년 4월 5일, 장로교 선교사로 입국했다. 그는 조선 정부에서 선교활동을 허락하기 전 제중원에서 물리와 화학을 가르치는 교사가 되었다. 오기 전 1년간 인도 선교를 위해서 의학 공부를 하면서 실력을 쌓았으며, 1884년 7월 28일 조선 최초의 장로교 선교사로 선정되었다. 하지만 조선은 개화파들이 일으킨 정변인 갑신정변으로 사회가 혼란하였기 때문에 잠시 일본에 머물러야 했다. 일본에 머무는 동안 조선 기독교인으로서 마가복음서를 번역한 문서 선교사인 이수정(李樹廷)에게서 한국어를 배우면서 조선에서의 개신교 선교를 준비했다. 그는 조선어 문법책을 영어로 집필했다. 그 후 성서번역위원회 초대위원장, 대한기독교서회 회장, 한국기독교교육회 회장 등을 역임했다. 서울 구세학당, 연희전문학교(현재 연세대학교)를 설립했다. 또한 교회연합운동을 지도하는 등 한국의 종교 · 문화 · 언어 · 정치 · 사회 등 여러 분야에 많은 일을 했다. 그는 또 한 번 희생하기로 했다. 1887년 9월 27일, 자신의 집 사랑채에서 14명이 참석하여 첫 예배를 드리는데 이 교회가 새문안교회의 첫 예배였다.

성서 번역에도 공헌하였는데 1887년에 상임성서위원회위원 자격으로 아펜젤러와 함께 마가복음서의 한글판을 번역, 출간했다. 언더우드는 일제에 의해 반일인사로 여겨질 만큼 한국 민중과 연대하는 선교사였다. 그는 라디오 방송에서 "참고 견딘다면 해방의 날이 올 것입니다."라고 연설하기도 했다.

1916년 10월 12일, 미국 뉴저지 주 애틀랜틱시티의 병원에서 사망 후 시신은 조선으로 옮겨져 양화진 외인 묘지에 안장되었다. 사후에도 언더우드 가문은 조선에 남아 3대에 걸쳐서 의료 선교와 한남대학교의 설립 등 교육 발전에 기여하였고, 특히 4대손인 원한광(호러스 호튼 언더우드 주니어)은 1980년에 민주주의를 위해 힘썼다. 언더우드는 한국에서 31년간 사역을 하면서, 종교, 교육, 문예, 자선 등 다방면에 걸쳐 봉사했다. 언더우드 선교사 가족은 5대까지 한국에 머물면서 한국 사랑을 실천하고 있다. 양화진에는 언더우드 선교사의 가족들이 묻혀 있을 뿐 아니라 그곳에 묻히기를 원하는 손자, 증손자의 빈(예비) 무덤이 함께 있어 더 큰 감동을 준다.

언더우드 선교사를 통해 한국의 교육 사업이 진보했고, 복음과 여러 가지 방면에서 존경하는 멘토이다.

또 다른 멘토

또 한 분은 여의도순복음교회 원로 목사이신 조용기 목사님이다. 청소년 시절 목사님을 만나 그분의 설교를 통해 지금까지 영적인 힘을 얻고 있다. 십대 폐병으로 신음하던 시절 한 소녀의 복음 전도로 예수님을 알게 되어 목회자로, 부흥사로 열매를 맺었다. 가난한 자에게 복음을 배고픈 자에게 희망을 주는 용기 있는 메시지는 시대를 접목한 세계적인 목회자이다. 생각, 믿음, 꿈, 말, 사차원 영성을 통해 다양성을 성공한 삶으로 변화시킨다. 깊은 통찰력과 도전 의식을 성경을 통해 재충전하는 희망의 메신저다. 올해로 성역 60주년을 맞이하는 목회자로 한국이 낳은 세계적인 목회자로 나의 멘토이다. 청년 시기에 이분을 만나지 않았더라면 지금 어떤 삶을 살지 궁금하다. 모든 것이 은혜이다. 헝가리에서 선교사로 사역할 때 사람들이 한국은 몰라도 조용기 목사를 아는 사람이 많아서 놀라웠다. 지금도 세계선교 현재 60개국에 700여 명의 선교사를 파송한 가운데 복음을 전하며 굿피플 NGO를 통해 선한 영향력을 나타낸다.

이영훈 목사님은 2016년 11월 29일, 조용기 목사님 후임이 된 후 성도들을 향한 한결같은 목양 일념으로 교역자들의 형편을 일일이 헤아리면서 섬김의 리더십을 발휘하고 있다. 황해도 장연이 고향인 모친 김선실 목사님은 5남매 형제 중 작은오빠 김선경 목사님과 월남하여 1945년 해방 직전, 이경선 장로님과 결혼해 슬하에 5남매를 두었는데 그중 3남이 이영훈 목사님이다. 1972년 순복음신학교를 졸업한 모친은 평생을 복음전도의 삶을 사신 분이셨으며 서대문 순복음교회에서부터 매일 전도활동 하시며 최자실 목사님의 분신으로 불릴 정도로 헌신하신 분이셨다. 2018년 3월 3일, 89세 일기로 소천하시면서 마지막 유언으로 하신 말씀이 "십자가의 복음만 힘써 전하다가 천국에서 만나자."라고 하셨다. 어머니의 영향으로 인해서 인지 지금도 한결같이 절대 긍정, 절대 감사의 마음으로 섬김의 목회를 하고 계신다.

영원한 멘토 예수 그리스도

나는 청년 때 예수를 믿고 거듭나게 되었다. 젊음의 열정과 앞

뒤 분간하지 않고 생활하던 나는 성취에 대한 허무감과 인생에 대한 절망감에 기댈 곳을 간절히 찾았다. 그런 중에 마치 내가 철학자가 된 것처럼 구약의 벌판과 신약의 골짜기를 헤맸다. 그 과정에서 하나님의 은혜로 내 삶의 영원한 생명이자 멘토이신 예수 그리스도를 만나게 되었다. 나의 영혼은 그분의 영향력에 감전되었고 과거와는 완전히 다른 신앙과 삶이 되었다. 그것은 '되려고 애쓰는 삶'이 아닌, '은혜로 되는' 삶이었다. 내가 계획할지라도 이루심과 결과는 그분의 손에 있다는 것을 깨달았다. 또한 성경을 통해 하나님의 꿈은 예수 그리스도에게 응집되어 있었다. 하나님은 예수 그리스도를 통해 사람을 구원할 구원의 꿈을 꾸시고, 예수 그리스도를 통해서 천국의 꿈과 영원무궁한 세계의 꿈을 꾸시는 분이시다. 이처럼 영원한 생명의 길을 열어 놓으신 하나님의 꿈은 지금도 내 마음속에 그분과 함께 꾸며 실현하는 가운데 있다.

말씀 안에서 그리스도의 장성한 분량으로 자라가는 과정에 주님은 특별히 간섭했다. 살아 있는 하나님의 사랑을 온전히 체험할 수 있도록 지금의 아내를 만나게 하셨다.

> 여호와 하나님이 이르시되 사람이 혼자 사는 것이 좋지 아
> 니하니 내가 그를 위하여 돕는 배필을 지으리라 하시니라

(창 2:18).

힘들고 고독하고 외로운 인생, 나그네 길에 아내를 통해 내 인생의 바다에서 온전한 하나님의 사랑을 체험했다. 또한 가정의 소중함을 알게 되었다. 주님은 아내를 통해 혼란 속에 나침판 역할을 하게 해 주었다. 부부가 서로 멘토가 된다. 예수님께서 세계관과 가치관을 알게 했다. 그리스도인으로서 아내와 함께 가정의 테두리 안에서 어떻게 살아야 건강하고 온전한 삶을 사는 것인지를 서로 알게 했다.

이 시대에 가르침을 받을 만한 스승도 없이 살아가는 사람들도 있지만 위인과 성경 속에 등장하는 믿음의 선진들과 우리와 함께 동시대를 살아가는 멘토를 찾아야 한다. 같이 울고 웃을 수 있는 인생의 선배가 필요하고 삶의 후견인이 절실하다. 성품과 역량을 갖춘, 인격과 실력을 겸비한, 신앙과 생활이 일치되는 멘토를 만나게 해 달라고 기도하자. 인생을 멘토링 할 수 있는 사람이 있다는 것은 행복한 삶이다. 주님은 말씀하신다.

예수께서 이르시되 내가 곧 길이요 진리요 생명이니 나로 말미암지 않고는 아버지께로 올 자가 없느니라(요 14:6).

꿈은 절대 영감이다

"새우잠을 자더라도 고래 꿈을 꾸어라."는 말이 있다. 꿈의 크기가 인생의 크기고 사명의 크기다. 큰 꿈을 꾸는 사람이 큰 사람이고 작은 꿈을 꾸는 사람이 작은 사람이기도 하다. 나의 미래는 지금 내가 무엇을 꿈꾸고 있느냐에 따라서 달라진다. 오늘 내가 꿈꾸는 것에 따라 내일이 결정되는 것이다.

초등학교 때 부모님의 농사일을 도왔다. 학교를 다녀와서는 송아지를 몰고 들판으로 나갔다. 송아지가 친구였다. 송아지에게 좋은 꼴만 먹이려고 기름진 풀만 찾아다녔다. 학교에서 배운 것을 송아지와 이야기했다. 어느 날은 꼴을 먹이고 들판에 누워 하늘을 보는데 비행기가 날아간다. 아마 제트기였을 것이다.

"아 나도 저런 비행기 타 보면 좋겠다. 하나님, 꼭 비행기 타게 해 주세요."

그 기도를 들으신 주님은 선교사로 보내셔서 원 없이 비행기를 타게 하셨다. 그때 송아지를 얼마나 좋은 꼴로 성실하게 키웠는지 보통 어미 소가 되려면 2년을 거두어야 하는데 일 년 만에 큰 소가 되어 살림에 크게 보탬이 됐다고 부모님이 늘 말씀해 주셨다.

성경 가운데서 한평생 꿈을 먹고 산 대표적인 인물을 들라고 하면 요셉이라는 사람이다. 요셉은 꿈을 먹고 산 사람이었다. 요셉은 다른 형제들과 똑같은 일과가 반복되는 나날을 보내면서도 원대한 꿈을 꾸었다.

> 요셉이 꿈을 꾸고 자기 형들에게 말하매 그들이 그를 더욱
> 미워하였더라(창 37:5).

요셉은 꿈꾸는 사람이었다. 그래서 형제들은 요셉이 오면 "꿈꾸는 자가 오는도다." 했다.

요셉은 열두 아들 가운데 열한 번째로 태어났다. 야곱이 사랑하는 아내 라헬에게서 얻은 아들이었다. 야곱은 요셉에게 채색 옷을 입히고 특별한 사랑을 베풀었다. 이토록 부모의 사랑을 차지하고 하나님의 사랑을 한 몸에 받는데는 그럴 만한 이유가 있었고 그것이 바로 형들에게 미움과 질투를 당한 이유가 되기도 했다. 형들이 요셉을 미워한 결정적인 이유는 요셉의 꿈 때문이었다.

요셉이 꿈을 꾸고 그 꿈 이야기를 형들에게 해 주었다. 추수를 하는데 형들의 곡식단이 요셉의 곡식단을 보고서 절하고, 해와 달과 열한 별이 절하는 꿈을 꾸었다. 이것은 곧 아버지와 어머니 그리고 그의 열한 형제들이 자기에게 엎드려 절하는 꿈을 꾸었다. 요셉

은 10대에 꿈을 꾸었고 20대에 그 꿈을 가꾸었다. 그리고 30대엔 총리대신이 되어 영향력 있는 삶을 살만큼 영특한 사람이었다. 더 구체적으로 말하면 요셉은 17세에 꿈을 꾸고, 20대에 준비하고 훈련하여, 30세에 국무총리가 되어 이집트뿐만 아니라 주변 나라까지 영향력을 미치는 지도자로 쓰임을 받았다. 요셉은 꿈꾼대로 그대로 이루어졌다. 꿈은 반드시 이루어진다. 요셉이 꿈을 꾸었지만 하나님은 그 꿈을 이루어 주셨다. 우리가 꿈을 꾸면 하나님은 반드시 그 꿈을 이루어 주신다.

서로 이르되 꿈꾸는 자가 오는도다(창 37:19).

요셉처럼 10대에 꿈을 꿀 수 있다면 환경이 좋든 나쁘든 인생 역전을 이룰 수 있다. 가정환경이 좋지 못해도, 믿음의 가정에서 자라지 못했다 해도, 남들처럼 좋은 명품 옷을 입지 못해도 아이들에게 꿈을 심어 주면 그들의 인생 역전은 시작된다. 꿈이 없는 아이들은 시간도 아무렇게나 쓰고, 자기 몸도 아무렇게나 대하며 살아간다. 그러다 꿈을 잃은 인생으로 전락하고 만다. 하나님이 쓰시는 사람들은 한결같이 10대에 좋은 꿈을 꾸었던 사람들이다. 그런 꿈을 꿀 수 있도록 부모의 믿음과 사랑이 중요하다.

미국에서는 초대 대통령 조지 워싱턴의 생일과 흑인 인권운동가 마틴 루터 킹 목사의 생일을 국경일로 삼고 있다. 마틴 루터 킹은 어린 시절에 백인 친구와 함께 놀다가 흑인이라는 이유로 노는 것을 거절당하는 서러움을 겪게 되었다. 그는 그 뒤로 가슴에 부푼 꿈을 안고 공부했다. 그는 언젠가는 반드시 저 백인들과 흑인들이 서로서로 존중하며 살아갈 수 있는 아름다운 날이 오게 하리라는 꿈을 꾸었다. 그는 남부 알라바마 주 몽고메리에 있는 덱스트침례교회 목사로서 흑인들의 자유와 인권을 위해 살아가게 되었다. 그리고 그는 100만 명이 모인 집회에서 그 유명한 "I have a dream(나에겐 꿈이 있다)"이란 설교를 했다.

> 나에겐 꿈이 있습니다. 언젠가는 흑인 소년이 백인 소년의 손을 잡고 이 몽고메리 시가지를 뛰어노는 날이 올 것을 꿈꿉니다. 미국은 위대한 나라입니다. 미국이 위대한 나라가 되기 위해 나의 이 꿈은 반드시 이루어져야 합니다. 하나님이 복 내려 주실 것입니다. 사랑하는 여러분, 여기 먹구름 저 너머엔 태양이 있습니다. 인생의 먹구름을 뚫고 창공을 솟아오르면 그곳에 계신 하나님이 이 나라를 복 주시는 흑인과 백인이 하나가 되는 아름다운 나라가 우리를 기다리고 있습

니다.

　그의 눈물어린 설교를 듣고 백만 관중이 목놓아 울었다. 마틴 루터 킹은 어린 시절 자유의 꿈을 미국의 꿈으로 키웠고, 그 꿈은 세계를 감동시켰고 마침내 이루어졌다. 꿈은 반드시 이루어진다.

　한국 최초의 개신교 순교자는 토마스 선교사다. 그는 어린 시절 선교사가 되겠다는 꿈을 꾼 후 일찍이 목사가 되어 중국 땅에 복음을 전하러 왔다. 상하이에서 사랑하는 아내를 잃어버리고 절망하던 가운데 흑암에 갇혀 있는 조선의 소식을 듣고 조선 땅으로 향했다. 제너럴셔먼호를 타고 대동강변에 도착했지만 대원군의 쇄국정책에 의해 입국이 허락되지 못했다. 대동강변에 며칠 동안 배가 머무는 사이 강가에 놀러 나온 아이들에게 성경책을 나누어 주었다. 그러다가 그는 이교를 전했다는 죄목으로 대동강변에서 피를 흘리며 도끼에 맞아 순교했다. 그의 나이 27세였다. 그가 전한 성경책을 받았던 아이들 가운데 김성집, 최치량, 박영식이라는 아이들이 있었다. 그들은 한국 초대교회인 장대현교회의 지도자 그리고 평양대부흥운동의 주역들이 되었다. 대동강변에서 피 흘려 죽은 토마스 목사의 꿈과 성경을 통해 품게 된 아이들의 꿈이 오늘의 한국 교회를 있게 한 것이다.

여기서 나의 꿈은 무엇인가를 생각해 본다. 우리 아이들에게 좋은 음식 먹이고 일류 대학을 보내고 조기 유학을 보내는 것이 중요한 것이 아니라 그들에게 꿈을 나누어 주는 일이 세계 열방을 위해 위대한 일을 하는 것이라고 생각한다. 기도할 때도 "건강하고, 돈 잘 벌고, 일류 고등학교, 일류 대학 가게 해 주세요!" 하고 기도하는 것보다 "우리 아이들이 위대한 꿈을 꾸게 해 주세요. 온전한 믿음의 사람 하나님을 사랑하는 성령의 사람으로 빛과 소금의 사명을 나타내는 하나님의 도구가 되게 해 주세요. 꿈꾸는 것을 구체적으로 그리고 선포하고, 실천하고, 기도하게 해 주세요. 요셉을 설레게 만들고 감동시켰던 그 꿈이 우리 다음세대 아이들의 심장 속에서 이글이글 타오르게 해 주세요." 하고 기도하고 있다. 이런 기도 속에 나의 꿈이 다 들어 있다.

> 전라남도 해남 산골 마을에 영석이라는 소년이 살았다. 소년의 아버지는 머슴이었고, 소년의 가정은 너무도 가난했다. 초등학교를 졸업할 무렵 아버지가 부르시더니 "우린 가난해서 넌 중학교 못 간다. 오늘부터 지게를 지고 풀을 베어라! 공부는 비쩍 마르고 힘없는 사람들이나 하는 것이다. 우리처럼 힘좋은 사람들은 일을 해야 마땅하다."라고 말했다. 남들

은 다 중학교에 가는데 소년은 중학교에 갈 수 없었다.

초등학교 졸업 후 2년 동안 지게를 지고 풀을 베었다. 그러나 그에겐 꿈이 있었다. 일하면서 성경만 읽었다. 소년은 날마다 교회에 나가 꼬박 40일 동안 하나님께 기도했다. 예배당 앞에 엎드려 눈물로 하나님 앞에 기도하고 편지를 쓰기 시작했다.

"하나님 전상서.

하나님, 우리 집은 가난해서 전 중학교도 갈 수도 없습니다, 전 지금 공부를 무척 하고 싶습니다. 공부하고 싶어서 못 견디겠습니다. 굶어도 좋고 머슴살이해도 좋습니다. 하나님, 제가 공부할 수 있는 기회를 주십시오. 그 길이 열린다면 하나님의 영광을 위해 목숨 바쳐 일하겠습니다. 하나님, 부디 도와주십시오."

겉봉에도 "하나님 전상서"라고 써서 그 편지를 우체통에 넣었다. 우표 값이 없어서 우표는 못 붙였다. 우체국 직원이 그 편지를 보고 전해 줄 곳이 없었다. 버릴 수는 더욱 없었다. 우체부는 한동안 고민하다가 해남읍교회 이준묵 목사에게 편지를 전했다. 편지를 본 이 목사의 가슴이 불덩어리처럼 뜨거워졌다. 이 소년을 불러다가 중학교를 보내고, 고등학교를 보냈다. 이 소년이 한국신학대학교에 들어가고, 대학원을 졸업하고 스위스바젤대학에 들어가 마침내 신학박사가 되어 모교의 조직신학 교수가 되었다.

"하나님 전상서"를 썼던 그 소년은 이제 한신대학교 총장이 되었다. 한신대학교 오영석 총장은 이렇게 말한다.

꿈이 있어 목표를 세우고 노력하면 길은 반드시 열립니다. 꿈은 반드시 이루어집니다. 하나님은 꿈꾸는 사람과 함께하십니다.

사람은 밥을 먹지 않아도 40일을 살고, 물을 마시지 않아도 8일을 살고, 숨을 쉬지 않아도 몇 분은 살 수 있지만 꿈을 먹지 않고는 단 몇 초도 살 수 없다. 꿈꾸지 않는 사람은 단 한 사람도 없다. 각자 나름대로의 꿈이 있다. 꿈이야말로 사람으로 하여금 창공을 날기도 하고 절망하는 사람을 다시 일으켜 세우기도 한다. 그런데 요즈음 사람들은 꿈을 잃어 가고 있다. 점차 많은 사람들이 입시 지옥, 취업 전쟁에서 그리고 거친 인생의 항해 길에서 좌절하고 낙망하면서 다시 꿈꾸는 힘을 잃고 있다.

희망을 이야기하며 희망을 노래한다 / 임동택

우린 꿈을 잃어버렸다고 좌절하고 슬퍼하지 말고, 그 좌절을 치유할 새 꿈을 꾸어야 한다. 꿈을 한 번 불고 지나가는 바람이 아니라 들판 가득 피어 있는 들꽃처럼 우리 주변에 깔려 있다. 이 꿈이 실패하면 저 꿈을 안고 일어서야 한다. 꿈은 절대로 우리를 버리지 않을 것이다. 꿈꾸는 인생후반전이 기대된다.

"오, 주여! 꿈의 크기가 내 인생의 크기입니다. 고난의 크기가 사명의 크기입니다."

복음이 나의 삶의 전부이다

내 인생의 가장 기적 중에 큰 기적은 예수를 믿고 구원받아 하나님의 자녀가 된 것이다. 이보다 더 큰 기적은 없다. 이보다 더 큰 축복은 없다. 이보다 더 큰 은혜는 없다고 고백한다. 세상에서 사람으로 태어난 것도 복인데 성령 역사로 거듭난 새로운 삶을 살게 된 것이다. 내 인생이 달라졌다. 성경을 보기 시작하면서 생각이 변하고 말이 변했다. 세상을 바라보는 눈이 달라졌다. 삼라만상이 새로웠다. 만나는 사람이 좋고, 나 자신이 좋다. 소망이 넘치는 삶이다.

내가 우리 가정에서 가장 먼저 예수 그리스도를 만나고 부모형제들을 모두 전도했다. 부모님은 천국에 가기까지 매일 새벽예배를 드리시고 헌신하셨다. 복음에 미쳐서 매일 시간을 내서 전도했다. 버스나 지하철, 시장, 교도소, 병원, 회사 가지 않는 곳이 없을 정도로 전도했다. 수백 장씩 전도지를 나누며 열정을 뿜어냈다. 형제들은 믿음의 사람을 만나 가정을 이루고, 주님 나라를 위해 헌신하고 있다.

나는 사랑하는 여자를 아내로 맞이했다. 이것도 하나님의 은총이다. "이는 내 뼈 중에 뼈요 살 중에 살이로다."라고 고백한 아담처럼 아내는 나와 한 몸이 되었다. 숫총각으로 평생을 혼자 살아갈 줄 알았는데 검은 머리 파뿌리 될 때까지 아내와 함께 평생을 살아간다는 것이 신기하기도 하고 꿈을 꾸는 것 같았다.

영광스러운 목회자의 길을 31세에 시작해서 지금까지 31년을 걸어오고 있다. 이 어찌 하나님의 사랑이요, 인도하심이 아니겠는가? 세상에 많고 많은 직업이 있지만 사람 낚는 어부가 되게 하겠다고 베드로를 향해 말씀하셨던 나를 향한 주님의 이끄심은 은혜이다. 아들딸을 선물로 받았고, 목자를 따르는 영적 자녀인 성도들을 목양하는 목회를 하고 있다. 주님의 복을 참 많이 받은 것 같다. 얼마나 감사한지 모른다. 더불어 사는 나눔의 공동체를 이루어 가니 이보다 더 아름다운 일은 없다고 생각한다.

오늘도 나는 소망 중에 인생을 노래하는 시인처럼 기쁨이 넘친다. 내 안에 감사의 향기가 있다. 기도의 향기가 있다. 나는 오늘도 희망을 이야기하며 희망을 노래한다.

항상 기뻐하라 쉬지 말고 기도하라 범사에 감사하라 이것이 그리스도 예수 안에서 너희를 향하신 하나님의 뜻이니라(살전 5:16-18).

내가 책을 읽을 때는 눈으로만 읽는 것 같지만
가끔씩 나에게 의미가 있는 대목, 어쩌면 한 구절만이라도
우연히 발견하면 책은 나의 일부가 된다.

_서머셋 모옴

9
가꿈 행복,
인생정원사

_이경채

『인생 레시피』(프로방스), 『다뉴브강에서의 아름다운 추억』(청실), 『한국을 빛낸
100인 문인 명작선』(천우), 『문학회 가는 길』(에세이스트사), 『네티켓 강사교육』(OZ
Media), 『바느질하는 남자』(밥북), 『중년의 선물』(북메이크), 『사월의 신부』(북메이
크) 등 에세이 동화작가로 등단 후 나만의 창조적 글쓰는 북테라피 코칭 상담가로
활동하고 있다.

연세대학교 연합신학대학원 상담학 전공, 극동방송 상담사, 인생 레시피 코칭상담
연구소, Silver i NEWS 소셜미디어 기자, 드림스타트 미술심리상담사, 동국대학
교 평생교육원 교수, 글사랑 비블리오 테라피스트로 재능 기부 활동을 하고 있다.
자연을 사랑하고 영혼 사랑의 평생 배움이 행복 레시피이다. 가정을 세우고 가족
은 추억을 만들어 내는 가꿈 공장으로 사랑의 탱크를 채우며 선한 영향력을 나타
내길 원한다.

hanna2007@hanmail.net

가꿈 행복, 인생정원사

사물의 이름을 불러 주어 그 사물의 존엄성을 지켜 주라.

_나탈리 골드버거

내 인생의 키워드는 선한 영향력이다. 그것은 '가꿈 행복, 인생 정원사'로 나눔의 삶이다. 삶의 순간순간이 재료가 되는 인생 레시피이다. 가족이 꿈꾸는 행복은 '가꿈 행복'이라는 말로 줄였다. 평생 배움을 통해 균형 있는 변화와 성장을 이룬다.

고향인 강원도 평창에서 살던 어린 시절이 떠오른다. 장독대 옆 꽃밭에는 계절에 따라 가지런히 채송화와 보랏빛 도라지, 봉숭아, 백합, 금잔화가 피었다. 꽃밭에서 꽃잎과 색깔을 관찰하며 고사리 손으로 채송화 씨앗을 터트렸다. 채송화의 까만 씨앗을 손끝으로 음미하며 끝까지 만지면 씨앗은 셀 수 없이 흘러내렸다.

　　부모님은 농사를 지으시며 새벽부터 일어나셔서 꽃밭과 텃밭을 가꾸시면서 사 남매를 기르셨다. 옥토가 되게 하기 위해 정성껏 밭을 일구셨다. 모든 채소는 자급자족을 했다. 포도송이가 조그맣게 열리면 날마다 쳐다보며 들마루에서 익어 가길 기다렸다. 닭장 앞에서 알 낳기를 기다리며 영차영차 같이 힘을 주었다. 아빠는 달걀을 꺼내와 이로 톡톡 깨서 내게 주셨다. 뜰 안에는 채소와 꽃 향기, 과일이 주렁주렁 열렸다. 천국의 모형이었다. 엄마는 하얀 수건을 쓰고 요리하셨는데 맛이 예술이었다. 손끝이 안보이도록 만두를 빨리 빚고 국수를 밀던 모습이 선하다. 밤이면 온 동네 사람들이 놀러 와 멍석에서 그날 있었던 이야기를 서로 나누었다. 그때 나는 부모님 무릎을 베고 하늘의 별을 헤아리며 이야기 소리를 들었다. 작가로 활동하는 현재, 어린 시절 듣던 이야기가 몸에 배어서인지 지금은 어딜 가나 가끔 행복으로 재연한다.

　　우리 가족은 선교를 위해 헝가리 부다페스트에서 7년간 살았다. 그곳 사람들은 정원 가꾸기를 자기 자식처럼 정성스레 한다. 집 안에서부터 정원은 물론 바깥 골목까지 많은 꽃을 심어 모든 사람이 오가며 볼 수 있게 한다. 그들의 정원에는 어느 집을 막론하고 아름답게 가꾼 꽃과 과실나무가 많이 있다. 담장이 없는 집 구조 가운데 꽃밭을 일구어 매일같이 서로의 행복을 나눈다. 정원을 가꾸기 위해 수없이 숙련된 손과 발을 움직여야 한다. 가꾸는 일에 숙련되어 있는 그들은 모두 행복 전달자이다. 헝가리 땅에 도착해서 꽃밭을 가꾸는 그들을 보고 정원에 꽃 대신 채소를 심어서 먹으면 좋겠다는 생각도 했다.

우리나라 사람들은 집 밖보다 집 안을 더 단장한다. 문화적인 차이인 것 같다. 유럽 사람들은 정성스럽게 정원을 가꾼다. 씨 뿌리고, 가지치고, 약을 치는 행위를 즐긴다. 누군가의 집에서 잔디 깎은 날은 향긋한 풀냄새가 온 동네를 뒤덮는다. 그 냄새가 얼마나 좋은지 코끝까지 싱그럽다. 나만의 키워드를 생각하니 꽃집에 아가씨가 된 것 같다. 부다페스트는 크리스마스가 다가오면 한 달 전부터 거리와 온 동네가 예수 그리스도의 탄생을 축하한다. 집집마다 크리스마스 장식으로 아름답다. 그들은 정원에 트리를 만들고 창가까지 장식해서 타인을 배려하는 마음까지 돋보인다. 헝가리 사람들은 성탄절을 일 년 중 가장 귀한 선물로 생각한다. 우리 가족도 성탄절과 부활절, 추수감사절이면 선물을 가져와 앞집과 아래층 주인집 사람들과 함께 나누었다. 선물은 주로 초콜릿 과자나 포도주다. 새벽기도를 마치고 집에 들어올 때는 이층 반장 아저씨가 강아지를 이끌고 산책을 나가는 데 마주치면서 반갑게 인사를 청해 온다. 마음을 주고받는 모습 속에서 사랑을 이어 간다.

가꿈 행복으로 부부 마음 가꾸는 것, 자녀의 성품을 가꾸는 것, 내면의 정원을 가꾸는 것으로, 독서와 배움으로 일생 가꿈을 한다. 어린 시절부터 책읽기를 즐겨 하던 습관이 청소년기는 한국과 세계의 문학전집을 셀 수 없이 반복해서 읽었다. 지금까지 성경과 함께 수천 권 정도는 읽은 것 같아 만 권을 목표로 하루하루 쌓아 나간다. 하루라도 책을 놓지 않으려고 노력한다. 오늘도 씨 뿌리는 비유로 내면의 정원을 개간한다. 가족이 꿈꾸는 행복으로 가꿈 행복 『인생 레시피』를 출간을 했다. 오랫동안 내면의 정원을 가꾼 사람의 글을 보면 우리를 행복하게 한다. 우리 내면의 정원에도 꾸준한 글쓰기를 통해 나눌 때 더 풍성해진다.

내면의 정원을 가꾸는 행복을 생각하니 선교를 다녀온 오스트리아 찰즈부르크에 있는 모차르트 생가가 생각이 났다. 찰즈부르크는 소금의 성이란 의미이다. 모차르트가 탄생한 곳은 "사운드 오브 뮤직" 영화로 유명한 도시다. 모차르트 생가는 현재는 박물관으로 노란색 건물로 고딕양식으로 지어졌다. 천 년의 역사를 지닌 대성당은 모차르트가 세례를 받은 곳이다. 볼프강 아마데우스는 6세 때 이미 자기 작품을 만든 사람이다. 그는 다른 사람의 작품을 여러 악기

가꿈 행복, 인생정원사 / 이경채

로 연주할 수 있었고, 즉흥연주 실력도 뛰어났으며, 처음 보는 어려운 곡도 쉽게 연주하는 천재적인 음악가였다. 모차르트 아버지는 어린 아들의 재능을 발견하고 세계를 투어하며 연주하게 했다. 세계적인 음악가가 되기까지 어릴 때부터 부단히 노력하며 가꾼 결과이다. 미라젤 정원은 찰즈부르크에서 가장 아름다운 정원이다. 정원에는 분수와 조각이 있고, 여러 꽃들로 아름답게 가꾼 정원이다. 멀리 바라보이는 대성당을 보니 영화의 한 장면이 생각나 주인공이 된듯 노래를 불렀다.

또 한 곳 행복의 가꿈 현장으로 가 본다. 영국 옥스퍼드대학 도서관 박물관이다. 대학 건물은 고전미가 있고, 주변의 자연환경과 함께 조화를 이룬다, 도서관 박물관은 인문학, 과학과 연관된 것을 볼 수 있었다. 헨리 8세 때 세운 옥스퍼드 크라이스트처치 칼리지는 수많은 명사를 배출했다. 영화 "해리포터" 식당의 배경이 된 곳, 학교 식당은 아직도 선명한 이미지로 그려진다. 식당 벽면은 명사의 사진이 걸려 있었다. 테이블은 학생들을 맞이할 것처럼 노란 스탠드 불빛이 짝을 이루어 비추었다. 접시와 포크, 나이프가 세팅되어 있다. 식당에서는 학생들이 식사하며 토론한다고 했다. 이런 식당에서 식사를 하고 공부를 한다는 것이 존중받는 느낌이었다. 스탠드 불빛으로 환하게 비치는 벽면에 달려 있는 명사의 액자가 돋보인다. 이곳에서 학문의 깊고 넓은 지경을 넓히며, 배우고 있는 학생들의 미래가 환하게 불빛 되어 비추게 되리라.

성경에 기록된 다윗이 생각났다.

> 여호와는 나의 목자시니 내게 부족함이 없으리로다 그가 나를 푸른 풀밭에 누이시며 쉴 만한 물 가로 인도하시는도다(시 23:1-2).

다윗은 하나님의 마음에 합한 자로 살았다. 또 한편으로는 인간의 나약함을 그대로 보여 주고 침상이 적시도록 회개가 있는 눈물의 사람이었다. 아들에게 반역을 당하는 어려운 시절도 보냈다. 시편은 출애굽 시대 모세로부터 에스라에 이르기까지 오랜 시간 동안 기록되었다. 150편 속에 시편 저자들은 다양하다. 그 가운데 절반가량인 73편을 다윗이 저술했다. 다윗의 시는 궁극적 목적이 하나님을 향한 찬양과 경배다. 다윗은 하나님을 묵상하며 믿음의 글을 엮어 나간다. 나는 시편을 대할 때마다 역지사지 심정으로 가슴에 새기며 은혜를 누린다. 글쓰는 것과 정원을 가꾸는 것은 동일하다.

대학원 상담학 공부 과정 중에 스토리 심리학이란 과목을 수강했다. 학기말 과제로 자신의 인생 스토리를 쓰라고 했다. 자신이 경험한 삶을 이야기로 스토리로 만들고 보니 인생의 의미와 가치가 달라졌다. 가끔 행복은 삶에 대해서 확신을 갖게 했다. 또 그룹으로 내용을 발표하니 서로의 삶을 나눌 수 있었고 그 또한 나의 스토리와 연결되어 서로 이해하고 공감하는 시간이었다. "아하! 그래서 그랬구나."라는 탄성을 절로 자아내게 했다. 어쩌면 그 과정은 모래알 하나가 들어 있는 신발을 직접 신어 보는 것과 같았다. 당사자만이 아는 고통을 서로 삶을 나누면서 알게 되는 것이다.

글을 통해 스토리를 엮어 내는 스토리텔링은 사람의 마음을 깊이 만져 주고 꿈을 발견하는 놀라운 방법이다. 글은 쓰는 것 자체로도 치유를 가져오는데 그것은 글이 자신만의 스토리텔링으로 연결되기 때문이다. 가꿈이라는 글쓰기는 일종의 정원 가꾸기와 같다. 가꾸지 않으면 아름다운 꽃을 볼 수 없듯이 지속적으로 쓰고 다듬지 않는 글은 아름답지 못하다.

글은 눈에 보이는 세상을 묘사할 수 있을 뿐 아니라 보이지 않는 사람의 생각과 깊은 무의식 세계까지 묘사할 수 있다. 자라온 추억은 기억력을 통해서 조명한다. 현재의 일은 눈에 보이는 대로, 미래의 일은 상상력을 동원하면 얼마든지 쓸 수 있다. 어쩌면 말과 글은 사람에게 주어진 가장 신비로운 선물인 것 같다.

글쓰기는 구체적인 목표를 실현하는 데도 좋다. 몰입하여 글을 쓰는 수준까지 이르려면 많은 인내와 훈련이 필요하다. 몰입하면 심층적인 글이 나온다지만 그것도 자신의 내면을 표출하는 갈망이 있어야 할 수 있다. 쓰다 보면 자신이 경험하고 공부한 내용이 술술 나온다. 글쓰기는 인스턴트 식품이 될 수 없다. 오래 숙성시킨 김치처럼 농익은 맛이 나야 한다. 누구도 흉내 내지 못할 나만의 인생 스토리가 있다면 그것은 세상에서 단 하나뿐인 걸작이다. 진정성이 있는 글이라야 마음을 움직인다. 나만의 색깔이 있는 따뜻한 글이 좋다.

애플의 설립자 스티브 잡스의 창의성도 글쓰기에 있었다. 그는 말하기를 "나는 가난 때문에 대학을 자퇴했다. 하지만 그것은 내 생애 최고의 결정 가운데 하나였다."라고 했다. 자퇴 이후에 그가 끊임없이 글쓰기를 하는 가운데 자신이 원하는 일을 찾은 것이다. 그래서 그는 늘 "끊임없이 찾고 그 가운데 최선을 다했을 뿐이다."라고 말했다.

글쓰기의 소재는 삶의 어떤 부분도 다 가능하다. 삶의 굴곡, 풍파가 많았던 사람에게 훨씬 글의 소재가 많다. 그들에겐 지금의 평범한 시간도 평범한 시간이 아니라 아주 특별한 시간이다. 지금 곁에 있는 평범한 사람도 아주 특별한 존재다. 지금 여기의 삶, 지금 살고 있는 곳이 바로 정원이요, 주변의 모든 것들이 꽃이요, 열매다. 지나온 시간들은 씨앗이고 뿌리이다. 지금의 꽃과 열매는 곧 그 사

가꿈 행복, 인생정원사 / 이경채

람이다.

내가 글을 쓰게 된 시점은 공교롭게도 독서를 많이 했을 때다. 책을 쓰는 사람들은 대부분 읽는 것으로는 만족할 수 없어 글을 쓰게 되었다고 말한다. 그리고 그 작업이 즐거운 작업이 된다. 자신의 삶을 통해 얻어 낸 가치와 의미를 녹여서 글로 풀어 내는 작업은 일종의 연금술과도 같다. 일반 금속을 녹여서 금을 만들어 내는 기적을 이뤄 낸다. 글을 쓰는 사람들은 글쓰는 작업을 통해서 자신의 생각의 틀이 더 확장되었다고 말한다. 생각은 끊임없이 솟아나는 샘물과 같아서 퍼낼수록 그 물은 더 맑고, 퍼낼수록 더 많은 물이 나온다. 그래서 새로운 동기를 부여하고 또한 새로운 의미를 첨가할 수 있다.

글쓰기가 마음을 치유할 수 있는 것은 생각과 감정을 다스릴 수 있기 때문이다. 글쓰기 자체가 자신과의 대화가 되므로 내면을 가꾸는 정원사의 기능을 하는 셈이다. 농부가 논에 물을 대듯 글쓰기는 감정이란 논에 물을 대는 역할을 한다. 그러다 보면 감정은 풍성해지고 나중엔 열매를 맺게 된다. 자기감정을 알아차리고 그 감정을 조절할 줄 아는 감정의 주인이 되게 한다. 잘 다듬어진 내면을 가진 사람에겐 사람이 따라 붙는다. 자기는 아무리 조용히 있고 싶어도 사람들이 찾아온다. 그에게서 향기가 나는 까닭이다.

인생에 영향을 준 멘토의 발자국을 따라

내 인생의 멘토를 생각하니 국어선생님이 떠오른다. 나이가 들수록 오히려 더 분명한 꿈을 꿀 수 있었던 것은 가슴 깊은 곳에 꿈을 심어 주신 중학교 2학년 때의 국어선생님 덕분이다. 사실 나는 처음엔 글을 쓰고 책을 내는 것과는 전혀 상관없는 사람인 줄 알았다. 부모님께서는 7살인 나를 초등학교에 입학시켰다. 생일도 안 되는데 1학년을 2년 다니는 한이 있더라도 보내겠다고 하셨다. 초등학교 1학년 때 "코끼리가 코로 물을 뿌~움습니다."라는 대목을 읽는데 너무 더듬거리며 읽는 바람에 혼자 남아 공부했던 적도 있었다. 그런 날은 학교에서 돌아와 대청마루에 앉아 펑펑 울었다. 그런 내 모습이 안쓰러웠는지 아버지가 책을 많이 읽어 주셨다. 그 덕분에 한글을 읽게 되었고 책에 대한 공포감이 사라지고 책 읽기를 좋아하게 되었다. 그러면서 문학소녀의 꿈을 막연히 꾸었다. 그 막연한 꿈을 확실한 목표로 바꿔 주신 분이 중학교 2학년 때의 국어선생님이시다. 그분은 늘 나에게 이렇게 말씀하셨다.

"너는 크면 국어학자나 문학가가 되면 좋겠구나!"

"어머나, 제가요?"

"그럼, 너는 문학에 재능이 있단다."

나는 겉으로 애써 부인하면서도 선생님의 말씀을 가슴에 새기고 문학소녀로 자라길 시작했다. 그 선생님의 칭찬이 문학도의 심장을 뛰게 했다. 칭찬은 고래도 춤추게 한다는 말이 있다. 그래서 비록 어리고 서툴렀지만 나름 시를 쓰기도 하고, 작사, 작곡도 해서 노래를 만들어 불렀다. 수없이 편지를 썼다. 커서는 세계문학전집과 한국문학전집을 수없이 읽었다. 그 선생님의 칭찬이 나를 책벌레로 만들었다. 그때 생긴 꿈이 생생하게 남아 수십 년이 지난 지금까지 꿈으로 설레며 갈망하고 있다. 그 후 셀 수 없는 책은 친구가 되었다. 이 생각을 하니 가슴이 지금도 뛴다. 책이 사람을 만들고 사람이 책을 만든다. 책 속에 길이 있다. 지금까지 책이 나의 인생을 만들어 가고 있다. 학위보다도 책을 많이 읽고 묵상하는 사람은 대화가 다르다. 그는 인생 공부를 책을 통해 했으니까 그래서 조상들은 회초리를 때려서라도 독서법부터 가르쳤다.

다산 정약용 선생은 독서가 낳은 천재다. 조선이 낳은 천재학자라는 수식어가 붙은 정약용의 저서 『목민심서』를 비롯한 저서들은 지금도 영향을 준다. 그는 4세에 이미 천자문을 익혔고 10세 이전에 한시를 쓴 것을 모아 『삼미집』을 편찬했다. 그가 500여 권을 집필할 수 있었던 것은 어린 시절 독서가 기초가 되었기 때문이다. 그는 18년이라는 유배기간 중에서도 책을 썼다. 문학은 기본이요 농업, 과학, 의학 등에 걸쳐 다양한 책을 썼다.

　나는 올해 이백 권의 책을 읽는 것을 목표로 삼았다. 중학교 때 국어선생님께서 하신 말씀을 아직도 새기고 있다. 그분은 늘 입버릇처럼 말씀하셨다.

　"너희들이 책 만 권을 읽으면 인생이 달라질 것이다."

　지금도 그분의 음성이 귓가에 선명하다. 웬일인지 나이가 들수록 그분이 그립다. 어린 시절 선생님의 칭찬과 격려가 지금까지 책과 함께 나의 인생은 이어진다.

　자녀들이 어릴 때는 우리 집엔 책읽기 표를 만들어 독서 감상문을 쓰게 했다. 스티커를 붙이고 한 달에 목표를 정해 놓고, 한 권 읽을 때마다 책 줄거리를 쓰고 이야기하게 하고 싸인해 주었다. 30년이 되는 세월이지만 그 싸인한 책이 아직도 우리 집에 남아 있다. 10권 단위로 읽을 때마다 학용품, 레고. 피자, 치킨, 놀이공원 가기, 운동화 등 아이들이 원하는 것들을 보상으로 주었다. 아이들이 읽은 책은 위인전집, 명작전집, 우주, 자연, 과학책, 시집, 동화, 성경만화, 역사책, 단행본 등 다양했다. 그 결과는 각종 웅변대회와 논술반에서 상을 탔고, 가족신문 만들기에서는 대상을 탔다. 그런 까닭에 큰아이가 초등학교 3학년 때에는 담임 교사의 부탁으로 명예 교사가 되어 독서 논술반 지도를 할 수 있었다. 독서는 하겠는데 논술이

247

가꿈 행복, 인생정원사 / 이경채

문제라 결국 내가 먼저 학원에서 논술을 따로 배워 학교에 가서 가르쳤다.

요즘의 방과 후 학습에 해당된다. 한 30명 정도가 모였다. 도서관에 있는 책을 한 권씩 읽고 줄거리를 쓰게 했다. 그날 읽고 느낀 점을 발표하게 했다. 논술반에 왔어도 처음에는 책도 읽기 싫어하고 감상문도 잘 쓰지 못하고 발표도 서툴렀다. 1년을 그렇게 훈련하니 모두 잘했다. 읽고, 나누고, 질문하고, 토론하고, 발표하는 유대인들이 하는 하브르타 수업을 한 것이다. 아이들에게서 나타나는 공통점으로 첫째는 독서습관이 좋아졌다는 점이다. 독서 습관을 들일 때까지는 주로 칭찬했고, 격려했다. 학교 갈 때마다 아이들 포상용으로 간식도 가져가서 격려해 주었다. 그렇게 했더니 학년 말에는 아이들의 논술시간 독서 감상문만으로 한 권의 문집을 만들 수 있었다. 직접 그린 그림도 넣고 아이들이 직접 손글씨로 만든 문집이었다. 담임 선생님과 교장선생님께 드리니 모두 놀라워했다. 독서를 통해 아이들의 행복한 모습이 성장 세포가 확장된 것이다. 둘째는 집중력이 몸에 배었다. 책을 잡으면 시간 가는 줄 모르고 책 속으로 들어가는 것처럼 읽었다. 셋째는 자기 표현력이 좋아졌다. 넷째는 꿈을 갖는 동기 부여가 되었다.

아이들의 독서지도를 한 것을 바탕으로 나중에 독서치료 1급

자격증까지 따게 되었고 지금도 여전히 "글사랑"이라는 독서모임을 하고, 또 다른 홍대나비 독서경영을 하고 있다. 한 달에 한 번 모이는데 선정한 도서를 세 시간 정도 읽은 후 보고 느낀 것, 적용한 것을 나눈다. 한두 챕터씩 나눠 읽고 줄거리를 통합하고 적용점을 찾는다. 계절이 좋을 때는 야외로 나가 자연 속에서 모인다. 자연환경까지 좋으면 서로의 마음이 저절로 연결되니 독서를 통한 자동 힐링이 된다. 어느 날은 자신의 깊은 것까지 통찰해 내면의 나를 만난다. 성장으로 자아실현도 하는 것이다. 나는 지금도 일주일에 두세 권의 책을 읽으려고 노력한다. 이것도 자기와의 싸움이다. 또 "한줄 나비 실학모임"은 작가들이 모여서 주기별로 읽은 책을 나누고 발표를 한다. "적적 또" 프로그램은 책을 읽고 삶에 적용하고 또 적용한다는 것이다. "시냇가에 심은 강사들" 프로그램은 성경을 읽는 사람들이 매일 아침마다 읽고 묵상하고 암송한 것을 올린다. 주기별로 모여 주제를 스피치한다. 또 연합나비독서모임도 자주 나간다.

또 "1.1.1." 프로그램으로 한 가지 책을 선정해 6개월 동안 10번 이상 읽고 한 가지 이상을 내 것으로 적용해 만드는 것이다. 나도 지금 긍정심리와 인성에 관한 책을 선정해 꾸준히 읽고 적용하고 있다. 멤버 중 한 사람이 내가 쓴 책 『인생 레시피』를 1.1.1.로 적용하고 있어 감사할 따름이다.

정태기 목사님은 현 치유상담대학원 대학교 총장이시다. 미국에서 상담학 박사학위를 받고 한국에 오셔서 강의할 때 처음 만났다. 우리 부부는 1기 학생으로 들어가서 공부했다. 인간은 하나님이 창조하시고 그 후 창조 작업을 가정에 위임하셨다. 가정은 인간의 마음과 영의 그릇을 크고 건강하게 만드는 곳이어야 한다. 가정이 만들어 준 그릇에 교회는 생명의 양식을 채워 주는 것이다. 가정에서 만든 그릇이 금이 갔거나 작게 만들어졌다면 그 가정에 속한 구성원들에게 풍성한 양식을 공급하지 못하게 된다. 그렇기 때문에 가정은 소중한 것이다. 목회자나 평신도, 모두를 위해 먼저 가정에서부터 하나님 나라와 의를 구해야 되는 것이다. 이런 가정사역의 중요성을 강조했다.

치유상담과 가정사역을 공부하면서 "항아리가 되어라." "상처 입은 치유자가 되라."고 말씀하셨다. 20년이 지났다. 『인생 레시피』를 출간할 때 아낌없이 추천서를 써 주셨다. 그 글 가운데 가정을 세우는 일에 앞장선 사역자라고, 부부를 변화시키는 임상 경험자라 했다. 제1기 학생으로 변함없이 상담과 가정사역에 매진하는 애틋한 제자라고 하면서 아낌없이 추천하셨다. 정태기 목사님 저서로는 『내면세계의 치유』, 『당신은 혼자가 아닙니다』 등이 있다. 목사님을 통해 상담 공부를 일찍이 한 것이 사람의 마음의 아픔을 읽어 주는 공감자로 태어나게 했다. 나 자신도 내면의 치유를 통해 회복되고 성장했다. 가정은 에너지를 공급하는 회복 탄력성을 주는, 우리 삶의 안식처다. 가정이 흔들리면 하나님에 대한 사랑도, 믿음도 온전하기가 힘들다. 항아리가 되어 많은 사람을 품을 수 있는 주님의 마음을 주시라고 매일 기도한다.

또 다른 멘토는 한세대학교 김성혜 총장이시다. 미래를 내다보는 그분의 성품과 열정, 전문성을 보면서 많이 배웠다. 우리가 선교할 때 헝가리 부다페스트를 오셨었다. 교회의 예배당으로 사용할 100년이 넘은 건물 일부를 리모델링을 하고 입당예배를 드릴 때다. 그때 함께 선교하면서 지혜롭게 많은 아이디어를 발산하는 것을 보았다. 식사도 절약하며 적당하게 시켜서 나누어 먹고, 현지인들을 위해 아낌없이 선교하는 모습에 감동받았다.

어린 시절부터 고생하며 생활해서 절약이 몸에 배었다. 또 필요한 곳에 필요한 선물을 했다. 사람들을 골고루 안배하면서 칭찬하고 제자를 사랑하는 마음을 가지셨다. 저서로는 『내 입을 넓게 열라』, 『행복배달부』 등이 있으며 피아니스트로서 복음성가도 31곡을 지었다. "새로운 꿈, 새로운 출발"이라는 슬로건으로 한세의 인재들이 세계에서 당당하게 도전한다. 교육으로 글로벌 인재육성을 한다. 에듀테크 교육으로 IT와 교육을 함께 연결하여 가는 실용적 교육을 한다. 따뜻한 인성을 가진 전문인을 양성하는 철학으로 교육하는 부분이 닮고 싶다.

멘토 중에 또 한 분은 코칭 공부로 3년을 함께한 연세대학교 서우경 교수님이다. 그 결과로 우리 부부가 LNP 프렉티셔너로 활동하게 했다. 사람을 세우고 하나님의 청지기의 사명을 감당하게 하는 대한민국 여성으로 최초 국제코치연맹의 마스터코치이다. 지금도 계속해서 공부하는 코칭 전문가로 파워가 있다. 저서로는 『서우경의 행복코칭』, 『무엇이 CEO를 만드는가』 등이 있다. 사람을 얻고 조직을 살리는 CEO 감정 코치로 탁월하다. 일과 삶의 위기에 부딪혔던 리더들이 열정을 되찾고, 최고의 성과를 이루게 하는 전문 코치이다. 코칭 실습을 할 때는 열정에 끌린다. 모든 것이 주님이 주신 마음이다.

가장 큰 위대한 멘토는 오직 예수 그리스도이다.

또 한국심리학회장 조현섭 교수도 스승이요, 친구요, 동역자요, 멘토다. 푸근한 마음으로 큰 그릇에 채워 주는 공감 바구니는 항상 열려 있다. 성장하는 것을 나누고 서로 사랑하는 마음이 주님의 마음이다. 전문적인 지식을 동반하면서도 겸손한 성품은 언제든지 본받고 싶은 멘토다.

나의 모든 것 뿌리에서 열매까지 은혜로다

　　우리 가문의 신앙은 4대째를 이어왔다. 증조할아버지가 강원도 평창에 감리교회를 지으신 분이다. 산에 가서 나무를 베어다 차례차례 지으셨단다. 지금은 그 자리에 교회가 현대식으로 지어져 있다. 젊은 시절 천국 가실 때까지 전도활동을 하신 분이시다. 향기 나는 인생으로 믿음의 삶을 사셨다. 늘 나누어 주고 베푸는 삶을 살았고 형제들과 가난한 자녀들에게 공부할 수 있도록 해 주고 늘 가르치셨다. 결혼 적령기에 접어든 처녀, 총각들을 시집, 장가까지 보내셨다. 대를 이어 가고 있으니 신앙의 유산이 얼마나 고귀한지.

　　한 분은 외가댁 증조할아버지 이야기다. 평안도와 함경도 이북과 만주까지 복음 전하러 다니셨다. 홀로 오직 복음만을 위해 부르심에 합당한 삶을 사신 분이다. 복음을 전하시다 순교하신 할아버지, 지금은 감리교 순교자 예배에 증손자들이 참석한다. 할머니는 곡식을 맷돌에 갈아서 동그랗게 빚어, 베보자기를 깔고 푹 쪄서 떡을 만들었다. 그것을 햇볕에 말리고, 갈아서 미숫가루로 만들었다. 그 가루를 보자기에 담아 가지고 다녔다. 물 떠 먹는 조롱박을 괴나리 봇짐에 달고 다니다 배가 고프면 그것을 양식으로 먹으며 복음을 전했다. 내가 이러한 분들의 후손이라니 감사가 나온다.

인내를 온전히 이루라 이는 너희로 온전하고 구비하여 조금
도 부족함이 없게 하기 위함이라(약 1:4).

그 믿음을 본받아 성숙하게 살기를 몸부림친다. 분명히 이렇게
전했으리라.

주 예수를 믿으라 그리하면 너와 내 집이 구원을 얻으리라(행
16:31).

이 말씀처럼 자녀들의 우선순위가 주님을 경외하는 것이기를
원한다. 성령의 열매 맺는 삶을 살며, 세계 열방을 향해 선교하고,
행복한 부자로 나누고 베푸는 삶이 되길 기도한다. 5대째 신앙 가문
으로 달려가기 위해 평생을 기도로 준비한다.

대여섯 살 때였다. 성탄절이 다가오면 친구들과 교회로 갔다.
교회 안에 들어서면 선생님이 반갑게 맞이하고 친구들과 마룻바닥
에 앉아 "탄일종이 울린다 은은하게 들린다" 찬양하며, 율동하며, 깔
깔거리며 즐거워했다. 내가 다니던 교회는 증조할아버지가 나무를
베어다 지은 감리교회였다. 고모들과 속회를 따라다니며 간식을 먹
었다. 백 년이 넘는 교회가 아직도 고향에 있다. 어린 시절에 집 안

에는 방이 열 칸도 더 되고, 광에는 쌀독이 많이 있었고, 일하는 사람이 두 사람이나 있었다. 옷도 늘 양장점에서 맞춰서 입었다. 엄마의 치맛바람으로 그 시절에 과외를 하고, 피아노 주산을 배우러 다녔다. 엄마는 믿지 않는 가정에서 시집와서 혼자 절을 다니고 있었다. 그래서 새벽에 나를 깨워 절에 데리고 갔다. 나는 가기 싫은데 억지로 따라가서 절 안에 들어가면 그림들이 무서워 고개를 숙이곤 했다. 아마 엄마도 새벽에 무서워서 어린 나를 데리고 갔나 보다. 그런데 절에 가려면 증조할아버지가 지은 교회를 지나야 했다. 그러면 새벽에 교회에 나와 기도하는 소리가 들리고 어떤 때는 우는 소리도 들렸다. 그러면 엄마는 새벽부터 "여자들이 울긴 왜 울어?" 하면서 중얼거렸다. 한 달에 한번은 떡시루를 이고 갔다. 그러면서 주일에는 고모들과 교회를 가고, 새벽에는 엄마 손을 잡고 절에 다녔다. 지금 생각하면 참 웃음과 회개가 나온다.

고모들은 시집가고, 나는 어느덧 중학생 사춘기가 되었다. 늘 우리 집에는 사람들이 넘쳐났다. 엄마는 정도 많고 사람도 좋아해서 보증을 섰다. 사기를 당해 그 많은 재산이 날아갔다. 일하는 사람이 둘이나 되고 부유하게 살던 나는 하루아침에 초라하게 서울로 이사하게 되었다. 그때부터 광야 학교 입학생이 되어 주경야독하며 공부하고 동생들을 돌보았다. 맏이로 동생들 공부가 먼저라 양보했다.

가꿈 행복. 인생정원사 / 이경채

낮은 자의 마음을 알아가게 했다.

엄마는 힘든 서울 생활에 적응하느라 과로하셔서 병이 났다. 자궁암에 걸렸다. 그때야 주님을 영접했다. 힘들게 돌아와 주님을 만난 엄마는 회개를 했다. 이 무렵 나는 교회 수련회를 가서 진정한 하나님을 만나는 성령 체험을 하면서 엄마를 위해 간절히 기도했다. 서울대학병원에서 몇 달 못산다던 엄마는, 팔십 대로 지금까지 살아 계신다. 주님이 살아 계신 것을 몸소 체험했다. 온 가족이 다 믿게 되어 엄마는 열심히 교회에서 헌신하는 계기가 되었다. 삶의 우선순위가 전도하는 일이 되었다. 열매로 주의 종을 많이 배출하고 말씀으로 사는 일등 권사가 되었다. 지금까지 지내온 것이 주님의 은혜다. 두 자녀 건강하게 독립적으로 잘 사는 것도 은혜다. 목회자의 아내로 영혼 사랑하는 일로 평생 지냄을 감사드린다.

아버지의 메모 습관은 지금까지 내가 따라하는 습관 중 하나이다. 어릴 때부터 독서하는 아버지의 모습을 보고 자랐다. 아버지는 책을 읽고 신문을 보며 늘 좋은 글귀 한문과 영어를 옮겨 쓰는 습관이 있었다. 아버지의 내핍 생활도 좋은 교육이었다. 신문 사이에 끼어 들어온 광고지 한 장도 허투루 버리지 않고 메모지로 활용하셨다. 광고지 뒷장엔 아버지의 글이 있었다. 그러면서 사람은 늘 책을 많이 읽어야 지혜롭고 영리할 뿐 아니라 남에게 영향력을 행사하며 산다고 하셨다. 그때는 날마다 쓰는 아버지의 그림 같은 언어를 보고 "참 우리 아버지는 쓰는 것을 좋아하시는구나." 하면서 그런 모습만 보아도 기뻤다. 연세가 들어서는 매일 성경, 영어, 한문을 읽고 쓰셨다. 그런 아버지 영향으로 지금 내가 이렇게 글을 쓰는지도 모른다. 자녀는 부모의 뒷모습을 보고 배운다 했다. 부모는 자녀의 거울이고 모델이다. 어디든 가시면 성경을 읽고 전도하시던 아버지였다. 교회서 수십 년을 군 선교에 헌신하셨다. "주 예수보다 더 귀한 분은 없네." 이 찬양을 새벽마다 무릎 꿇고 손들고 하셨다. 나는 아버지가 천국 가시고 몇 년 동안을 눈물이 나서 이 찬양을 부를 수가 없었다. 아버지는 가슴속에 만 권의 책이 들어 있어야 그것이 흘러넘쳐서 그림과 글씨가 된다는 추사 김정희 선생님의 뜻을 알고 계셨는지도 모르겠다. 지금은 이 땅에 안 계시니 직접 여쭈어 볼 수도 없어 더욱 그립기만 하다.

성경과 천자문 영어를 알려 주시던 백과사전 같은 아버지,
존경합니다.
책 만 권을 내면에 이미 소유하시던 분, 그립습니다.
세수한 물도 꽃밭에 주시며 몸소 근검절약하셨던 아버지,
남에게 싫은 소리 한 번 안하신 인자하고 온유한 아버지, 사

랑합니다.

"다시 태어나도 너희 엄마랑 결혼할 거야." 하고 고백하던 아버지, 존경합니다.

당신이 가진 자원을 가족을 위해 다 쏟으셨습니다. 만 권 독서보다 더 귀한 헌신의 삶으로 세상에서 가장 귀한 사랑의 독서를 온몸으로 하셨습니다. 삶으로 명작을 그리신 자상한 아버지셨습니다. 헌신의 씨앗을 심고 천국에서 빛나는 최고의 삶입니다. 성품이 빛나는 일생이셨습니다.

아버지! 사랑합니다.

평생 기도하셨던 엄마는 지금도 무릎으로 사신다. 평생 부지런하고 오직 믿음으로 사셨다. 일 년이면 성경을 삼독하시며 금식기도로 하나님 영광을 위해서 사신다. 평생 전도하신 분 중에 목회자가 많이 배출되셨다. 전도하신 분 중에 무당이 변화되어 지금 목회자인 분도 있다. 노점에서 장사하던 사람을 전도해서 지금은 선교사로 헌신하고 있다. 엄마는 과일가게를 하며 매일 남은 과일을 전도할 집 아이들에게 갖다 주었다. 그 자녀가 목회자가 되었다. 그 외에도 많은 사람이 있다. 일 년에 수백 명씩 전도하는 열정적인 엄마였다. 이단을 믿던 사람들이 거듭나 큰 일꾼이 되었다. 가난한 자, 병든 자의 친구가 되어 그들을 돌보시던 엄마, 그 간절한 기도로 지금의 내가 있고, 우리 가정이 있는 것이다. 요리의 대가시고 지혜가 많은 엄마는 인정도 많고 평생 부지런하게 사셨다. 경제적인 면에도 알뜰하게 살며 이익을 남기는 삶을 사셨다. 대접받고자 하는 대로 남을 먼저 대접하고 앞장서는 분이다. 주님의 마음 곧 섬기는 서번트 리더십을 가지신 엄마시다.

내 가슴에만 간직했던 꿈을 끄집어 낸 가장 큰 공로자는 남편이다. 그동안은 내 인생은 평범한 삶이라고 여기고 살았는데 5년 전인 결혼 30주년 때를 기점으로 생각을 완전히 바꾸었다. 그날 나는 남편으로부터 장미 꽃다발과 열다섯 권의 소책자를 선물로 받았다. 그 소책자는 내가 그동안 가정사역 상담가로, 1남 1녀 자녀를 돌보는 엄마로 지내면서 노트나 블로그에 조금씩 써 놓았던 글을 남편이 엮어서 만든 것이었다. 에세이, 동화, 시 등의 글을 모아 편집하고, 제목을 짓고, 소제목까지 세심하게 달았다. 남편은 '세상에서 하나뿐인 보물을 만들어 왔다. 출판사 사장도 아닌 사람이 그 책을 만들었으니 얼마나 고맙고 감격스럽던지…. 한 권당 100페이지 정도니 딱 시집만큼의 두께다. 남편의 그 선물 이후로 나는 글쓰는 데 더 큰 에너지를 얻을 수 있었다. 그 책을 받는 날은 마치 결혼식장을 들어가는 신부와 같은 설레임이 있었다. 그날은 생각만으로도 나를 감격케 하는 나만의 스토리 보석함이다. 그러니 제대로 만들어진 책이 되어 세상에 나오는 날은 내 생애 최고의 기쁜 날이 될 것이다.

남편의 선물은 선물 이상이었다. 그것은 남편이 나를 '작가'로 인정한다는 뜻이었다. 그것이 계기가 되어 그때부터 매주 에세이, 동화를 배우는 문학수업을 수년 간 받고 있다. 지금은 은퇴하셨지만 문인이신 국문학 교수님, 원로 소설가, 시인들과 정기적으로 공부하고 있다. 또 남편은 흑기사 되기를 늘 자처했다. 밤늦게까지 공부하는 데도 늘 남편은 마중나와 주었다. 안전에 대해서 염려할 필요가 없었다. 남편의 외조가 아니면 아무것도 이룰 수 없었을 것이다.

남편 덕분에 할 수 있었던 일은 그 뿐 아니다. 상담과 코칭을 배우는 데도 큰 도움이 되었다. 그동안 이 분야와 관련된 자격증과 수료증이 어림잡아 오십 가지가 넘는다. 이 많은 것들 중에는 남편과 함께한 것도 많다. 또 남편의 배려와 수고, 전폭적인 지원이 있었기에 마음 놓고 공부할 수 있었다.

또한 그동안 아이가 다니던 학교에서 독서 모임을 지도했던 것도 큰 도움이 되었다. 어쨌든 내 인생은 언제나 늘 책과 함께할 수 있었는데 그 덕에 또 자연스레 글을 쓸 수 있는 기회가 있었고, 문학상에 응모할 수 있는 정보도 얻게 되었다. 고맙게도 여러 곳에서 등

단도 할 수 있었고 신인 작품상을 받았다. 한국을 빛낸 문학상도 받았고 지금은 에세이와 동화를 몇 군데 문학지에 번갈아가며 올리고 있다. 작년에는 에세이 부분 문학상을 받았다. 부족하지만 있는 모습 그대로 자녀들을 사랑하는 마음으로 여전히 글을 쓴다. 남편은 가끔 날보고 '책벌레'라고 별칭을 부르면서 "책벌레는 나보다 책이 더 좋은 가배."라고 웃으며 놀려댄다.

그렇게 살다보니 2017년 세계부부위원회로부터 세계부부의 날에 올해의 부부상에 선정되었고, 국회에서는 힐링 부부상을 수상했다. 그동안 부족함을 채우려고 했던 평생의 배움이 지금은 절대 감사, 절대 은혜임을 고백한다.

내 인생의 꿈은 가족 행복 코치이다

자녀들에게 바라는 것은 믿음의 가문이 대를 잇는 것이다. 자녀들과 함께 선교사 자녀 장학 사업을 하고 싶다. 나만의 콘텐츠를 개발해 작가로 브랜딩 하고 싶다. 또한 선한 영향력으로 교육을 통한 선교를 하고 싶다. 가족과 함께 가슴 설레는 여행을 하며, 여행의 발자국을 책으로 기록하고 싶다. 상처받고 아픈 가정에게는 부부

행복 코치로, 자녀 인성 코치로, 북 코치로, 회복과 성과가 있는 성장을 하고 싶다. 창조적으로 나만의 글을 쓰는 베스트셀러 작가로서 치유적 북 테라피를 하고 싶다. 그 외에 많은 나만의 꿈 목록을 만들어 하나씩 이루어 나가고 있다.

이런 꿈 목록 습관은 아주 오래된 습관이다. 꿈은 마음에 소원을 담는 그릇이다. 자신을 반영해 꿈은 꾸는 사람은 반드시 이루어진다. 하늘의 별을 바라보는 마음으로 많은 꿈을 꾼다. 그 과정이 아무리 괴로워도 희망을 버리지 않고 굳세게 믿고 인내하면 이루어진다. 꿈은 우리의 소원을 두고 행한다. 알록달록 꿈을 시각적으로 바꾸면 굉장한 힘이 생긴다. 선명하고 생생히 마주한 꿈은 반드시 실현된다. 그렇다고 꿈이 아무 때나 아무 곳에서나 이루어지는 것은 아니다. 정해진 때와 장소가 있기 마련이다. 꿈이 자라는 생장점은 따로 있다. 나무의 새로운 싹과 새순 줄기와 잎을 만드는 곳이 생장점이듯, 꿈도 생장점을 담은 그릇이 있어야 싹을 틔우고 성장한다. 가족 행복 코치로 생장점이 건강한 꿈으로 가득하면 별처럼 빛나는 인생이 될 것이다.

꿈 목록 가운데 한 가지인 교육 선교를 한 적이 있다. 중국 국립대 교수로 있는 친구도 만날 겸 중국 선교를 갔었다. 번역된 서적과 선교물품을 이민 가방에 가득 싣고 혼자 갔다.

배우러 온 학생들을 보면서 오히려 내가 더 도전을 받았다. 수십 시간씩 달려온 한족 학생들은 합숙훈련을 하며 일주일간 공부했다. 아침 9시부터 오후 5시까지 일주일 간 혼자서 강의했다. 준비해 간 강의안을 가지고 통역을 통해 강의하는데 주님이 힘을 주셔서 피곤한 줄 몰랐다. 일주일 간의 강의를 마쳤는데도 지치지 않았다.

머물던 친구의 아파트 베란다에서 멀리 압록강 너머의 떠오르는 태양은 유달리 신비로웠다. 태양이야 어느 곳이든 어김없이 뜨고 있다지만 그곳의 일출은 며칠 동안 유심히 지켜보았다. 주위가 어두운데 한줄기 찬란한 태양빛이 비추기 시작하니 금세 온 세상이 밝아졌다. 어디에서나 볼 수 있다지만, 그 광경을 보는 다양한 지식의 눈이 있을 것이다. 천문학자나 우주 물리학자라면 그 광활한 우주에 있는 별 중에 저토록 찬란하게 비치는 태양빛의 아름다움에 감탄할 것이다. 하나님께서 창조하신 그 세계를 공부한다는 것이 얼마나 기쁜 일일까?

> 인생의 목표는 단 두 가지이다. 하나는 당신이 원하는 것을 얻는 것이고, 다른 하나는 그것을 즐기는 것이다. 현명한 사람을 두 번째 목표를 이룬다. _로건 피어솔 스미스

내 가슴을 설레게 하는 또 하나의 소재는 별이다. 나는 언제나 별이 좋았다. 어느 때부터인가 몽골에 가고 싶다는 생각이 들었는데, 누군가로부터 몽골의 밤하늘엔 별이 정말 아름답다는 말을 들은 후부터였다. 별이 아름답다는 말만 들어도 가슴이 설렌다. 어린 시절에도, 외국에 살 때도, 늘 별을 보면 마음이 저절로 맑아졌다. 자연환경이 깨끗하니 별도 더 맑게 보였다. 아브라함도 별을 보며 꿈을 꾸었다. 그래서 내 글 속에 별이 자주 등장한다. 아주 어릴 때도 나는 우리 집에 놀러온 어른들 틈에서 놀았다. 마당에 멍석을 깔아놓으면 이웃에서 어른들이 놀러왔다. 별이 쏟아지는 밤하늘 아래서 어른들의 이야기는 무궁무진했다. 살아가는 이야기는 물론 역사, 문화, 자녀 교육, 문학, 공동체, 사랑, 농사 등 다양한 소재의 이야기가 오고 갔다. 그런 인생을 가꾸는 이야기를 들으며 누우면 밤하늘의 달과 별도 웃는 것 같았다.

또 하나의 할 일은 책을 많이 읽는 것이다. 책을 많이 읽으면 글을 쓰게 되고, 글을 쓰게 되면 좋은 책을 고르는 안목도 생긴다. 좋은 글을 쓰는 사람은 양질의 책을 더 많이 읽게 된다는 장점이 있다. 또 다른 사람의 글을 읽다가 아이디어를 얻어서 자신의 글을 쓸 수도 있다. 그래서 어떤 작가는 글감이 떠오르지 않을 때는 한 시간 동안 다른 사람의 책을 읽고, 삼십여 분 정도 묵상한다고 한다. 그렇게 하면 또 글을 쓸 수 있는 영감과 에너지를 동시에 얻는다고 한다. 그러니 글을 쓰는 것과 읽는 것은 떼려야 뗄 수 없는 불가분의 관계다. 내가 글을 잘 쓴다는 개념은 어쩐지 어색하지만 적어도 지금까지 살면서 그 어떤 날도 책을 잡아 보지 않고 지난날은 없었다고 자부한다. 손에서 책이 떠나지 않아야 글을 쓸 수 있다는 것을 신념처럼 가슴에 새기고 살았다. 책을 읽지 않더라도 만지기라도 하라는 성현들의 말씀을 기억했다. 아마 또 독서가 씨앗이 되어 언젠가는 싹을 틔우고 줄기를 내고 꽃을 피우고 마침내 열매를 맺게 해 줄 것이라 믿었기 때문일 것이다.

내가 글쓰기와 자연스레 인연을 맺을 수 있었던 것은 어린 시절 주변 환경이 시골이었기 때문이다. 계절별로 다양한 꽃을 볼 수 있었다. 게다가 야생화는 또 얼마나 많은지 정말 계절마다 꽃이 없을 때가 없었다. 하다못해 겨울에도 하얀 눈이 내려 눈꽃을 피워 주었다. 그래서 나는 채송화라는 단어만 들어도 즉각 어린 시절 장독대 옆에 나지막이 핀 채송화를 이미지로 기억해 낸다. 빨간색, 노란색, 주황색, 겹겹이 쌓인 꽃잎, 뾰족하고 통통한 조그만 초록 잎사귀, 햇빛을 향해 피어나던 채송화 꽃 사진이 바라지 않은 채 기억 속에 저장되어 있다. 작은 채송화 꽃 속에 작은 수술들은 언제 보아도 신기했고, 꽃을 찾아와 꿀을 따는 노랑나비의 날갯짓이 못내 안쓰럽

기도 했었다.

　이름만 들어도 가슴 설레게 하는 꽃 채송화, 채송화 꽃잎 하나에도 온 세상을 담을 수 있다. 창작의 숨결을 고르게 하면 문학소녀의 감성을 담을 수도 있고 귀족 같은 고귀함을 드러낼 수도 있고, 도시문명 속에 사는 현대인들까지도 무난히 담아낼 수 있다. 내가 먼저 꽃의 숨결을 느끼면 그 꽃도 가슴에 들어와 춤추며 노래한다. 작은 꽃 하나라도 그 깊은 내면으로 들어가면 그곳에서 깊은 바다를 만날 수 있다. 그래서 문학적 상상력은 언제나 신비롭다. 유안진의 "들꽃 언덕"이란 수필에는 이런 표현이 나온다.

　　들꽃 언덕에서 깨달았다. 값비싼 화초는 사람이 키우고 값
　　없는 들꽃은 하나님이 키우시는 것을 그래서 들꽃 향기는 하
　　늘의 향기인 것을 그래서 하늘의 눈금과 땅의 눈금은 언제나
　　다르고 달라야 한다는 것도 들꽃 언덕에서 깨달았다.

　독서는 마음의 정원에 심겨 싹이 나고, 잎이 피고, 꽃이 피고, 열매를 맺는 과정을 거친다. 글을 쓴다는 것은 순간보다 평생에 걸쳐 사명처럼 이루어야 하는 긴 호흡이 필요하다. 하루 한 권 아니면 성경 10페이지라도 읽어야 육신의 밥을 먹는다는 정신으로 책을 읽

는다. 그래서 나탈리 골드버그는 『뼛속까지 내려가서 써라』에서 말한다.

> 고유성을 허락하라. 사물에도 인간과 똑같이 이름이 있다. '창문가의 꽃'이 아니라 '창문가의 제라늄'으로 묘사하는 것이 훨씬 좋다. 제라늄이라는 단어 하나가 훨씬 구체적이고 특별한 영상을 만들어 내고 우리는 그 꽃의 존재 속으로 더욱 깊이 들어가게 도와준다.

그래서 나도 그냥 꽃이라 쓰지 않고 채송화라고 이름을 붙인다. 윌리엄 카로스 윌리엄도 『바로 당신 코앞에 있는 것을 쓰라』에서 사물은 자신만의 고유한 총체성을 지니고 있다고 강조했다. 그 고유한 총체성을 찾으려면 유심히 바라보아야 한다. 바로 코앞의 채송화를 유심히 바라보면 그 속에서 깊은 통찰을 얻을 수 있다. 소중한 글감을 뽑아 낼 수 있다. 해바라기 꽃도 자세히 관찰해 보라. 그 수많은 꽃잎의 개수와 씨앗의 개수를 일일이 세어 보면 생명의 신비를 느끼게 된다. 이왕이면 영그는 씨앗들을 만져서 그 까슬한 질감까지 느껴 보자.

콩나물 시루에 물을 부어 보면 전부 다 밑으로 빠져나가는 것 같지만 콩나물은 충분히 자라는 것처럼 독서도 마찬가지다. 사람들이 많은 책을 읽는 데도 생활의 변화가 없고 인생이 그대로인 것은 읽기만 하고 쓰지 않기 때문이라고 말한다. 제대로 된 독서를 하려면 반드시 책을 쓰라고 권유한다. 그래야 피가 되고 살이 되는, 더 나아가 운명이 바뀌는 치유적 글쓰기가 된다.

평생 성실로 식물을 삼는 남편에게 감사하다. 덕분에 나도 항상 긍정적인 사람이 되었다. 결혼생활 34년, 인생의 어려운 고비도 사랑하는 가족이 함께했기에 믿음으로 승화시킬 수 있었다. 변함없는 사랑을 주는 가족에게 감사할 뿐이다. 지금 아이들은 장성해서 자신의 자리에서 멋진 삶을 만들며 살아간다. 가족 한 사람의 아름다운 추억을 나누면 가족 전체가 행복해한다. 가족은 서로에게 힘이 되어 준다. 숨겨진 보화를 서로 친밀하게 공유하면서 순기능을 가진 가족관계 시스템이야 말로 최고의 자녀 교육이다. 이런 행복 수업을 하는 가정은 최고로 빛나는 아름다운 가문의 유산이 될 것이다.

책은 가장 조용하고 변함없는 벗이다.
가장 쉽게 다가갈 수 있고
가장 현명한 상담자이자 교사이다.

_찰스 W. 엘리엇

10

나의 사랑 나의 어여쁜 자야
일어나서 함께 가자

_김종순

전라북도 남원에서 불교 집안의 둘째로 태어났다. 집안에 머슴이 있을 정도로 부유한 유년시절을 보냈지만, 10대 때 아버지의 죽음으로 집안이 기울었고 꽃다운 20대에 경제적으로 아버지의 빈자리를 대신했다. 결혼과 출산 후 죽음의 문턱에서 만난 친구를 통해 교회에 처음 발을 들였고 주님을 영접했다. 성령의 강한 인도하심 속에 뒤늦게 신학교에 입학하고 늦깎이 목사가 되었다.

서울 총회신학교 신학대학원(합동 개혁)을 졸업했으며, 대한신학대학원 대학교에서 목회 실천신학을 전공(Th.M.) 했다. 현재는 인천에서 10여 년째 선한목자교회를 담임하고 있다. 한 영혼을 천하보다 귀하게 여기며 주님의 심장으로 한 사람, 한 사람을 주님의 몸 된 교회로 세우고 다음 세대를 준비시켜 세계 열방 땅 끝을 향하여 선교하는 비전을 가지고 가르치며 양육하고 있다. 천국 복음을 들고 캄보디아, 필리핀, 중국 단동 등에 하나님의 말씀을 전하고 있다. 밀알선교찬양단에 소속되어 열방을 향해 하나님의 군대로 찬양하며 아름답게 동역하고 있다.

jsk8218@naver.com

어둠의 그늘에서 사망의 늪으로

슬픈 마음 있는 사람 예수 이름 믿으면

영원토록 변함없는 기쁜 마음 얻으리

예수의 이름은 세상의 소망이요

예수의 이름은 천국의 기쁨일세

거룩하신 주의 이름 너의 방패 삼아라

환란 시험당할 때에 주께 기도 드려라

예수의 이름은 세상의 소망이요

예수의 이름은 천국의 기쁨일세

_찬송가 91장

이 도령과 춘향이로 유명한 남원의 한 두메 산골에 산이 병풍
처럼 둘러 있고 넓은 들판에 가장 큰 선물인 초등학교가 있는 소박

하고 아름다운 마을에서 태어났다. 학교 가는 길에 그 당시 약방이 있었고 정육점을 겸한 구멍가게와 문구점이 겸하여 있는 구멍가게가 다섯 개나 있어 돈이 귀한 시절에 군것질을 하고 싶은 유혹이 많았다. 대여섯 살 때, 아버지는 300평 정도 되는 대지에 근사한 기와집을 짓고 낙성식을 했었다. 어린 눈에 새 집이 얼마나 넓고 크던지, 비가 오는 날이면 기와지붕 처마 끝에 쏟아지는 빗물을 받아서 드나들며 손발을 씻을 수 있었고 물장난 치며 놀 수 있어 좋았다.

3대 독자이셨던 아버지는 유독 꽃을 좋아하셨다. 다른 사람들은 텃밭이 없어 채소도 갈아 먹기 힘든 시절에 아버지는 넓게 화단을 만드셨다. 채송화 씨를 가득 뿌려 색색이 피어나면 서로 자기가 더 예쁘다는 듯 활짝 핀 얼굴을 드러내었고, 보는 이들에게 웃어 주는 것 같았다. 또 한쪽에는 원형으로 꽃밭을 만들어 거기엔 고급스럽고 탐스러운 장미, 달리아, 함박꽃, 작약을 심었다. 아버지는 예쁜 꽃을 보시면 구해다가 심고 가꾸셨다. 뒤뜰 장독대는 나리 꽃, 한쪽에는 딸기 밭, 집을 빙 둘러 감나무, 배나무, 대추나무, 단감나무, 은행나무 등을 둘러 심었다. 겨울 내내 장독대에 넣어 놓은 연시감을 아랫목에서 먹었다. 초겨울이 되면 꽃의 뿌리를 조심스레 삽으로 퍼 항아리에 담아 윗방에 두고 수시로 들여다보시고 따스한 봄이 오면 옮겨 심었다. 그리고 꽃이 피면 매우 기뻐하시며 애지중지하셨다.

초등학교 시절, 시골이었지만 작은 채에 머슴을 두고 살 정도로 부유한 가정에서 태어나 부모님의 사랑을 듬뿍 받으며 부족함 없이 자랐다. 아버지의 책상 서랍은 이중으로 되어 있었는데 첫 번째 서랍을 열면 다섯 알 주산과 자그마한 수첩이 있었고, 서랍 안 깊숙한 곳에는 100환, 50환, 10환 등 돈뭉치가 가득가득 항상 있었다. 아버지는 외출하실 때 나를 데리고 다니셨는데 나는 엄마와 함께하지 못해서 좋지만은 않았다. 걸어서 10분 거리에 있는 초등학교를 다녀와서 깍두기 공책에 연필을 꾹꾹 눌러 숙제할 때면 아버지는 내 머리 맡에 앉아 기특하게 여기시고 연필을 교대로 깎아 주시며 이런 말씀을 하셨다.

"너는 총기가 있고 똘똘해서 내가 서울 법대라도 보내 주마."

"너는 아무 일도 하지 말고 공부만 잘해라."

"사람은 공부를 하고 살아야 한다."

나는 서울 법대가 어디에 있는지, 무엇을 하는 곳인지도 몰랐지만 내 마음 속 깊은 곳에 자리 잡았다.

초등학교 2학년 때, 엄마 치맛자락을 꼭 잡고 밤새도록 기차를 타고 서울에 올라갔다. 어린이대공원에서 회전목마를 타는데 무서워서 얼마나 울었던지 지금 생각해도 입가에 웃음이 번진다. 그때는 서울도 흙길이었고 지금의 서울을 상상할 수 없었다. 아버지가 심어 주신 서울 법대, 그래서인지 방학 때면 고학년만 하는 주산 과외를 보내 주셨다. 5학년 때 주산 과외비가 200원이었는데 1-2년 하다가 아이들이 적어 없어졌다. 그때 아버지는 주산도 최고급으로 사 주시면서 과외를 시켜 주셨다. 이웃 오빠도 같이 했었는데 그 오빠는 시험을 볼 때마다 미안해하며 내 주산을 빌려 가곤 했다. 나는 겨우 3급으로 마감했는데 그 오빠는 잘했던 것으로 기억한다. 그렇게 대궐 같은 큰 새 집에서 최신 유행 옷인 서울 패션을 입고 부하게 자랐던 어린 시절, 아버지는 내 속에 그렇게 큰 꿈을 심어 주셨고, 사람은 공부를 해야 한다고 말씀하셨다. 중학교에 갈 수 있는지 여부를 조사하는 통지서를 보여 드리면 망설임 없이 동그라미 크게 그려 주시며 도장을 꾹 눌러 찍어 주셨던 아버지셨다.

엄마는 낮이면 일꾼들의 밥을 지으셨고 밤이면 우리들에게 간식으로 반달 떡과 단팥빵, 찹쌀떡에 통팥을 넣어 만들어 주셨고 밥을 싫어하는 나를 위해 일요일이면 녹두죽, 팥죽, 라면 등 새로운 것을 만들어 주셨다. 못생긴 나를 최고인 것 마냥 겨울이면 편물 옷을 맞춰 입혀 주셨고 봄이면 원피스 등 다양한 외출복을 예쁘게 만들어 입히셨다. 솜씨가 좋기로 소문난 분이셨다. 엄마는 동네에서 못하는 게 없는 팔방미인으로 음식도 잘하셔서 잔칫집에 불려 다니셨고 농번기 때 화전놀이 할 때면 장구도 잘 치셨고, 노래도 잘하시고 다재

나의 사랑 나의 어여쁜 자아 일어나서 함께 가자/ 김종순

다능하셨다. 화장 곱게 하고 파마머리 낭자로 올려 고운 한복 입고 학교 어머니회 가실 때면 너무 예쁘고 고우셨다.

일찍이 아버지가 병을 앓고 계셨지만 말없이 병간호에 살림 다 해 내시고, 우리 4남매를 키워 내신 희생과 헌신의 삶이었다. 지금은 80세가 넘어 남원에 홀로 계시지만 내가 결혼한 지 30년이 넘었어도 쌀, 간장, 된장, 고추장 등 모든 양념에 채소까지 보내 주신다. 당신의 몸은 성한 곳이 없고 아프셔도 그 일이 어머니의 낙이라 하시며 지금도 텃밭에서 일구어 4남매에게 보내 주신다.

풍요로운 삶 속에 아무것도 모르고 지내던 때, 어느 날부터 분위기가 이상함을 느꼈다. 그 많던 파란 백 환짜리 돈뭉치가 아침마다 오고 가며 아버지 친구 분들이 우리 집을 자주 방문하셨다. 작은 소리로 어머니와 대화하고 돈을 가져가시곤 했다. 그때는 잘 몰랐지만 조금 성장해서 알게 된 것은 아버지가 간경화라는 질병에 걸리신 것이다. 그때는 치료가 불가능한 불치병이었고 생명이 다하는 날까지 기다리다 죽을 수밖에 없었다. 넉넉했던 돈과 논, 밭, 재산을 5년 동안 팔아 가며 광주대학병원, 남원도립병원에서 수술을 2번이나 받았고, 전주예수병원까지 가서 살기 위해 몸부림 하셨다. 복수(腹水)가 차오르자 미제(美製) 약까지 구하여 드시면서 견디셨다. 나의 중학교 진학을 앞두고 아버지의 마음은 바뀌었다. 중학교 보낼 돈으로 당신이 더 살고 싶으셨던 것 같다.

　아버지는 내가 중학교 졸업하는 것도 보지 못하고 돌아가셨다. 바람만 가득 들어 있는 풍선처럼 꿈만 심어 주시고 내 곁을 떠난 아버지를 그리워하다가 원망하며 중, 고등학교 시절을 보냈다. 남동생과 나의 대학 입학을 두고 학비를 댈 엄마 생각을 하면 한 사람은 포기해야 했다. 고민하고 갈등하다가 결국 내가 포기하고 남동생을 보내기로 결정했을 때, 나는 아버지를 원망하며 눈물로 일기를 쓰며 견뎠다. 엄마는 얼마나 더 많은 눈물을 흘리시며 홀로 밤을 지새우셨을까. 내 마음에 심겨진 서울 법대가 아직 지워지지도 않았을 때 동생을 대학에 보내 놓고 밤마다 눈물로 일기장을 적시며 마음을 다독였다.

　엄마를 설득하여 무작정 의왕시에 계신 이모 댁으로 상경을 했다. 이모가 좋은 직장을 소개해 주셨고 시험을 보고 합격을 하게 되었다. 직장을 다니면서도 그 꿈은 포기할 수 없어 공부는 쉬지 않고 하고 있었다. 늦깎이라 할지라도 언젠가 꼭 전공을 살려서 나와 같이 공부하고 싶을 때 하지 못한 아이들에게 환원하며 살리라 결심하고 쉼 없이 주경야독하며 살았다. 그 시대만 해도 시골에서 딸은 천대하는 경향이 있었다. 60-70년대 가장 중요한 문제는 먹고 사는 문제였지 학문은 두 번째였던 시대였다.

당시 좋은 직장은 고등학교와 자매결연을 맺어 야간고등학교를 보내 주었는데 다행히도 괜찮은 직장에 들어가서 좋은 분들과 근무하게 되었다. 한 사무실에서 일하게 된 과장님은 고려대학교 출신에 노총각이었고 너무 착한 계장님은 성균관대학교 출신에 기혼이셨다. 그 분위기 속에 나는 얼마나 열등의식이 있었겠는가.

나는 직장 내에서 중학교만 졸업하고 취업한 사람들 이력서를 찾아서 불러내어 상담하고 "사람은 공부를 하며 살아야 한다."는 아버지의 가르침을 기억하며 산업체 야간학교를 보내 주었다. 직장이 좋다 보니 삼성, 금성을 드나들면서 일했고, 안양대학교에 자주 가서 한갑수 국문학 박사님의 특강도 들을 기회가 주어졌다. 국회의사당에 가서 견학도 하며 만찬도 즐길 수 있었던 나는 부족했지만 좋은 대우 받으며 근무했다. 주말이면 사내산악회에 들어가 회사 대형버스를 타고 좋은 산은 다 다녔고, 연말에 사내송년회를 할 때 부서별 장기자랑, 연극, 노래자랑에 빠지지 않고 참가하면서 기량을 발휘하기도 했다. 결혼은 나도 모르게 멀어졌고 아버지의 빈자리를 내가 채우고 있었다. 내가 벌었던 돈은 한 번도 가져 본 적이 없었고 저축해서 어머니에게 보냈고 남동생 학비에 다 투자했다.

그러던 어느 날, 서울에서 친구 결혼식이 있어서 갔다가 지금의 남편을 만나게 되었다. 2년 연애 끝에 결혼했는데, 나의 결혼 조건은 아이를 낳지 않는 것이었다. 내 꿈은 대학에 가는 것이었다. 남편은 군 제대하고 대학교에 편입해서 졸업을 앞둔 상태였다. 아직 세상 물정 전혀 모르는 순수한 청년이었기에 내 꿈과 비전을 듣고 놀라면서 감동을 받았고 모든 것이 소박하고 좋아보였던 것이다. 1986년 성탄절, 남원에서 결혼식을 올렸다. 신혼여행을 가니 남편의 말은 달라졌다. 딱 한 명만 낳자고 설득했다. 그렇게 큰아이를 출산하고 다음 임신에 쌍둥이를 가져서 딱 한 명이 셋이 되었다.

홀로 세 아이를 감당하기란 너무 힘든 정도가 아니었다. 나는 세 아이의 엄마로 내 이름이 없어졌고, 내 자신을 잃어버리자 꿈도 함께 사라졌다. 내 이름은 아버지가 그때 당시 보리밥도 못 먹던 시절에 쌀 90㎏ 한 가마니를 주고 가문에 내려오는 '종' 자 돌림으로 지은 것이다. 족보에 올린 후 절의 맨 앞에 등을 달아놓고 때마다 가서 잘되게 해 달라고 빌었다. 내 이름은 비싼 값을 치른 이름이다. 60년 대는 이름을 부르면 그냥 이름이었던 때다. 아이가 순하면 순자, 마지막에 태어난 아이는 말자.

그때까지도 포기하지 않고 가슴에 품어 왔던 소박하면서도 절박한 내 꿈, 난 이제 무엇을 어떻게 하며 살아야 할지, '내'가 없어지고 빈껍데기만 남은 느낌이었다. 그때부터 아버지의 사랑이 미움으로, 아버지가 심겨 준 꿈이 변하여 원망으로, 그 원망이 10년 동안

내재되어 꿈으로 포장되어 있었다. 그러다 수치심과 열등감으로 둔 갑하여 산후우울증으로 드러나기 시작했다. 환경으로 인해 자원하여 효녀로 열심을 다해 살아온 것 같은데, 생각에 생각이 꼬리를 물고 밤이면 잠을 이룰 수가 없었다. 낮이면 밥이 모래알 같아 먹을 수가 없었고 세 아이에게 시달려서 체력에 한계가 왔다. 죽을 수도 살수도 없는 환경, 남편은 세 자녀를 책임지겠다고 직장에 몰두하고 있었고, 내 마음은 의지할 곳이 없었다. 부부에게는 세 아이의 책임만 있었다. 남편까지 미워졌다. 내 꿈을 비켜간 남편이 원망스러웠다. 생각에 잠기다 살포시 잠이 들면 어둠이 나를 덮쳤다.

아버지의 병환으로 병원을 전전긍긍할 때 복수가 차오르자 죽음 앞에 최선의 선택으로 무당을 불러 2박 3일 동안 북 치고, 장구 치며, 작두타고 널을 뛰었다. 엄마는 무슨 방법으로든 아버지를 살리고 싶은 심정이었을 것이다. 미신을 그렇게 싫어하셨던 아버지도 그때는 어머니의 마음을 헤아리는 듯 물끄러미 바라보셨다. 그럼에도 아버지는 죽음의 문턱을 2-3번씩 넘나들었고, 저승사자라고 하는 어둠의 세력들과 싸우시던 모습을 보이셨다. 2번이나 죽으셨다가 살아날 만큼 이겨 내시더니 끝내는 이겨 내지 못하고 붙들려 가셨다. 그런 모습을 어린 나이에 경험하면서 아버지가 돌아가시자 두려움의 영, 사망의 영이 내게 엄습한 것이었다.

나는 병명도 모르는 상태로 시달리고 허약해졌고 병원에 가면 만성위염, 만성피로라는 진단뿐 병명이 없었다. 밤이면 밤마다 꿈속에서 현실처럼 무당 옷을 입은 여자가 나를 잡으러 다녔고, 어느 날은 창문 유리창을 깨고 들어오려는 모습을 보고 잠에서 깨면 유리창은 멀쩡히 있었다. 어느 날은 스님들이 목에 걸고 다니는 긴 염주가 우리 집 현관 앞에서 뚝 떨어지는 꿈을 꾸면서 밤이 무섭고 두려웠다. 전화를 걸어 어머니에게 더 이상 못살겠다고 하소연 하면 엄마는 부적을 써서 문지방 위 벽에 붙여 주셨지만 아무 효력이 없었다. 난 더 이상 견뎌 낼 힘이 없었다. 이제는 나도 아버지에게 임했던 사망의 영에게 나를 맡기고 싶었다. 밤낮으로 죽음을 생각했다. 내가 죽고 없어지면 모든 것이 해결될 것이라는 내 안의 속삭임에 사로잡혔다.

어려서부터 총명하고, 온순하고, 예의바르고, 효심이 가득하다고 부모님 및 일가친척들에게 인정받았고, 학교생활도 모범생 그 자체로 칭찬받으며 자랐다. 나는 어머니에게 남편 같은 친구가 되어주었고 동생들에게 아버지의 자리를 대신하기 위해 나를 포기하며 살아왔다. 그러나 꿈이 사라지니 나를 놓았고, 살 소망이 없었다. 한 그루 영혼의 나무가 부모님의 사랑을 받고 꿈을 펼치며 열매를 맺어야 될 때에 나는 상처와 열등의 열매가 내 속에서 쏟아져 나오기 시작했다.

잃어버린 나를 찾고 싶었다. 죽음의 문턱에서도 꿈이 있었던 나를 찾아보고 싶었다. 어디로 간 것일까? 내 주변에는 내가 가장 싫어하는 교인들이 동서남북에 살았다. 오며가며 전도하는 소리, 나는 교만하고 무지해서 6년을 전도받고도 거절했다. 그러던 어느 날 나를 찾고 싶어지면서 성경이 궁금해졌다.

어렴풋이 초등학교 때 들었던 선생님의 말이 생각났다. 6학년 때 담임 선생님은 신앙인이었다. 선생님은 나에게 항상 웃으시며 지나가는 말로 "너 예수 믿어야 한다." 하셨고, 군대 입대 후, 군에 계시는 동안 가끔 편지를 보내셨다. 편지의 시작은 "그 안에 생명이 있었으니 이 생명은 사람들의 빛이라." 변함없는 머리말이었다. 나는 성경에 기록된 말씀인 줄 모르고, 뜻도 모르면서 3년 동안 읽었다.

너무 예민하고 까칠해진 내 자신이 싫었다. 온순했던 나를 찾고자 할 때 성경을 읽으면 찾아질 것 같은 막연한 생각에 가까이에 있는 교회를 나가기로 결심하게 됐다. 그때는 하나만 낳아 잘 기르자는 캠페인을 할 때다. 둘 이상은 의료보험도 되지 않았다. 큰아이를 낳고 양가에도 없는 쌍둥이가 태어나 셋이 되었다. 그때는 쌍둥이도 흔하지 않아서 밖에 나갈 수가 없었다. 구경거리가 되었고 세 아이를 감당할 수 없었기에 완벽주의인 나는 격식을 차린 외출은 꿈도 못 꾸었다. 누군가 도와줄 사람이 있지 않으면 밖에 나갈 생각도 못했는데 하늘에서 천사가 내려왔다.

사망의 늪에서 생명의 빛으로

세상 바다 물 속에서 절망하고 있을 때
한 줄기 밝은 빛이 나에게 비치었네
바닷가의 모래알처럼 수많은 사람 중에
나를 나를 택하신 나의 주 나의 하나님
천만 번 더 죽어야 할 죄인 괴수 나였건만
십자가 은총으로 구원의 길 여시었네
헤아릴 수없이 많은 추악한 죄악들을
모두모두 벗기신 나의 주 나의 하나님
주님 사랑 생각하면 뜨거운 눈물 솟구치네
이 못난 나를 이 못난 나를 그토록 사랑하셨나요

_그토록 사랑하셨나요

안양에서 신혼생활을 하고 세 아이가 어렸을 때 의왕시로 이사

나의 사랑 나의 어여쁜 자야 일어나서 함께 가자/ 김종순

를 하게 되었는데 그곳에 천사 같은 두 아이 엄마가 서울에서 이사와 있었다. 내가 죽기를 무릅쓰고 살고 있을 때 만난 친구 같은 동생인데 결혼을 일찍해서 아이들은 더 컸다.

그 친구의 남편이 인천으로 발령 받아 이사를 갔고 그 뒤 얼마 안 되어 내 남편도 인천으로 발령이 나서 또 이웃에 같이 살게 되었다. 아이들이 자라서 유치원에 보낼 무렵, 그 친구의 소개로 같은 유치원에 보냈고 유일한 친구가 그녀였다. 유치원에서 운동회라도 하면 쌍둥이에게는 엄마가 '두 명'이 필요했고 재롱잔치 할 때도, 부모참관 수업에도 엄마가 '두 명' 필요했다. 그때마다 대리엄마가 되어준 천사 같은 친구였다. 아이들은 서로 엄마를 가지고 아침부터 싸우기 시작했다. 결국 한 아이를 설득시켜 양보하며 3년을 다녔다. 조금 성장하여 학창시절에는 대리엄마에게 고마워하면서도 마음에 상처는 남은 듯 했다.

수치와 열등감과 죽음의 영에 붙들려 학교 친구, 직장 친구 다 연락을 끊고 마음을 닫았고 유일하게 마음을 열 수 있는 사람은 천사 친구 하나였다. 그 친구가 함께 교회 가자고 날짜까지 정해 놓고 한 달이 가고 두 달이 접어들어도 나타나지 않았다. 나는 마음에 더 큰 상처가 되어 아무도 볼 생각이 없었다.

그러던 어느 날 두 분의 사모님을 모시고 함께 찾아왔다. 나는

책짓기 건축술

몹시 못마땅했다. 그분들은 교회 집사라고 소개했다. 내가 제일 듣기 싫어하는 예수 이야기를 듣고 더 화가 나고 그 친구까지 싫었다. 두 집사님은 먼저 돌아갔다. 그 천사 친구가 하는 말이 자기가 교회를 정할 수가 없었고 어느 교회에 가야 될지 몰라 고민하고 있었는데 남편의 직장 상사 아내 분이 교회 다닌다고 하면서 선물을 사 가지고 찾아왔더란다. 나를 위해 한 달 정도 다녔고, 너무 좋아서 나를 소개하고, 그 교회에 같이 가려고 함께 왔다는 것이다. 나는 속이 상할 대로 상해 있었지만 받아들이기로 했다. 한 달 동안 여기저기 두 아이를 승용차에 태우고 심방부터 다니며 구경만 하다가 1993년 넝쿨장미 꽃망울이 터져 활짝 핀 5월 마지막 주에 교회에 나가 등록하게 되었고 교회 첫 예배 때부터 알 수 없는 어떤 것이 내 마음을 움직이기 시작했다.

내 자존감은 바닥까지 떨어져 더 이상 내려갈 곳이 없는 상태였다. 첫날부터 하나님은 내게 개입하시며 살아 계심을 나타내셨다. 정체성을 잃어버린 채 밤마다 어둠에 잡혀 무서운 꿈으로 밤을 지새워야 했던 나에게 한줄기 빛이 보이기 시작했다. 내가 쫓기는 꿈이 아닌 이기는 꿈으로, 승리하는 꿈으로 바뀌었다. 심방을 받기 위해 부적을 떼고 벽 한쪽 전체를 다시 도배했다.

학교생활 때 모범생 기질이 나왔다. 무기력했던 내가 힘이 솟았다. 목사님의 설교, 부교육자들의 성경공부에서 한마디도 놓치지 않기 위해 메모했고, 집에 도착하면 잃어버릴까 봐 복습하며 성경을 찾아보기를 2년동안 했다. 사도신경, 주기도문이 외워지질 않아 밤마다 공책에 적어 가며 외웠다. 아무것도 모르지만 스펀지에 물이 스며들듯이 젖어 들었다. 어차피 잠 못 이루는 밤, 밤새워 성경 읽고 기도하며 하나님께 모든 것을 내려놓고 토설하기 시작했다. 나를 찾게 해 달라고 간절히 요청했다. 하나님은 나를 책망하지도 않으셨고 외면하지도 않으셨다.

처절하리만큼 내면이 무너졌고, 생활에는 서서히 생기가 돌아왔다. 에덴동산에서 하나님의 언약을 어기고 두려워서 나무 뒤에 숨어 있던 아담에게 찾아오셨던 하나님이, 나를 찾아오신 것이다. 복음의 위대한 능력임을 고백한다. 죄가 많은 곳에 은혜가 많다는 말씀처럼 날마다 찬양에 이끌려 나를 보게 되었다. 나를 찾기는 찾았는데 죄인이라니, 내가 얼마나 가정에 헌신하고 사회에서 좋은 일을 찾아서 하며 정의를 구현하는 모범생이었는데 죄인이라니? 받아들일 수가 없었고 이해할 수가 없었다.

나는 목놓아 울 수밖에 없었다. 나의 의, 열심의 수고, 수치심과 열등감이 와르르 무너져 내려가는 것 같았다. 하나님은 나를 시편으로 이끄시며 다윗의 고백이 나의 고백이 되게 하셨다. 내가 모태로부터 죄인임을 깨달아 고백하게 되었고, 나로부터 내 위의 3대의 죄까지 금식하며 회개 기도를 했다. 다니엘처럼 하루 3번씩 시간을 정해 놓고 기도했다. 아이들 유치원 보내 놓고, 성경과 씨름했다. 하나님은 아무것도 모르는 나에게 그림을 그려 시청각 자료를 만들어 주셨다. 시간이 지나면서 말씀으로 연결시켜 의심하지 않고 믿고 따를 수 있도록 하셨다(왕상 19:12). 그 후로 많은 은사 체험을 했고, 성경 말씀을 암송했다. 기독교 서적을 보며 예수님에 대해 알아 가면서 실제 물권도 함께 회복되었고, 은사도 강하게 나타났다.

병든 자에게 손을 얹으면 치유되었고 들 것에 들려온 중풍병자도 일으켜 세우게 하셨고 사람을 터치하면 그 사람의 심령에 있는 것들을 다 알 수 있었다. 내 의지와 상관없이 예언이 나오면서 사람들에게 알려지기 시작하자 교만의 꿈틀거림을 발견하게 되었다. 내가 이러다가 예수 무당이 되는 것은 아닌가 하고 내심 두려웠다.

마침 교회에서 성경공부 신청을 받았다. 오전에는 교회에서 "구원이란 무엇인가"라는 주제로 성경공부하고, 오후에는 아이들 유치원에서 원장님과 함께 "나도 훌륭한 부모가 될 수 있다"는 공부를 했다. 그러면서 내 속의 상처가 치유되기 시작했고. 그때마다 아이들을 부둥켜안고 하나님께 용서를 빌며 회개했다. 아이들이 내 것이 아닌데 내 소유처럼, 내 마음대로, 내 뜻대로 다루었던 모든 것이 생각나 견딜 수가 없었다.

　3년 동안 이렇게 눈물로 강을 이루며 먹고 자는 것보다 예배와 말씀과 기도를 우선하며 예수님의 십자가 사랑을 깨닫게 되었다. 하나님께서 하늘에 빽빽한 구름과 같이 많은 나의 죄를 도말해 주셨다는 사실과 사망에서 생명으로 옮겨졌다는 것을 깨닫게 되자 말씀으로 확신시켜 주셨다.

　　　야곱아 너를 창조하신 여호와께서 지금 말씀하시느니라 이
　　　스라엘아 너를 지으신 이가 말씀하시느니라 너는 두려워하
　　　지 말라 내가 너를 구속하였고 내가 너를 지명하여 불렀나니
　　　너는 내 것이라 네가 물 가운데로 지날 때에 내가 너와 함께
　　　할 것이라 강을 건널 때에 물이 너를 침몰하지 못할 것이며
　　　네가 불 가운데로 지날 때에 타지도 아니할 것이요 불꽃이
　　　너를 사르지도 못하리니(사 43:1-2).

　그때부터 새벽에 눈을 뜨면 "성령님 안녕하세요."가 자연스럽게 되면서 하루를 시작하게 되었다. 오늘은 누구를 만나 이 기쁜 소식을 전할까 묻고, 기도하며, 24시간 보이지 않지만 대화하며 살았다. 아이들을 유치원에 보내면 전도가 시작되었고, 임산부만 보면

달려가서 "예수 믿어야 됩니다. 성경만이 태아에게 최고의 태교입니다."라고 거침없이 전했다. 절에 백일기도 하러 다닌 아이 친구 엄마에게 전도했다. 한 가정이 살아날 때 나는 쓰러져 일어나지도 못했다. 영양제 주사 맞고 일어나면 아파트 2층, 3층 문 두드리며 전도할 수밖에 없었다. 왜냐면 나와 같은 죄인들임을 깨달았기 때문이다. 전도는 내가 하는 것이 아니라 내 속에서 부어 주시는 은혜로 되는 것이었다. 죄인 된 내 생명과 바꾼 예수님의 사랑이 나를 강권하여 뛰어다닐 수 있게 하신 것이다.

전도는 바울 사도의 고백처럼 해산의 수고다. 전도해 놓고도 마음이 많이 상한다. 상한 마음을 고백하며 하나님께 아뢰면 친절히 가르쳐 주셨다. 전도는 육신의 자녀를 잉태하고 출산하는 것과 일치한다는 깨달음을 주셨다. 육신의 자녀를 출산하면 1년 동안 아무것도 모르는 생명을 24시간 깨어 무릎으로 섬겨 일으켜 세우듯이, 불신자 역시 하나님을 모르는 생명이기에 1년 동안 잘 섬겨서 신자가 되게 해야 하는 것이라고 가르쳐 주셨다. 날마다 은혜 위에 은혜로 살아지고 감사가 넘치는 찬양으로 살아졌다. 예수님이 생명을 내놓은 십자가 사랑을 더 알고 싶어 견딜 수가 없어 새벽이 오는지도 모르고 성경 보고 기도하다가 비몽사몽으로 새벽 4시에 새벽 예배에 가서 묻고 기도하면 깨닫게 해 주시고, 위로해 주시면 감사로 화답

했다. 9시 철야예배에 가서 기도하다 집에 오면 새벽 2–3시, 어느 때는 새벽 5시였다. 내 발이 땅에 닿는 것인지 아닌지 모를 정도로 기쁘고 행복했다.

그런데 내가 죄인임을 시인은 했지만 왜 죄인이라고만 해야 하는지 성경적으로 확인하고 싶었다. 성경에서 확실한 답을 찾아야만 마음에 의심 없이 요동치 않고 신앙의 뿌리를 내릴 수 있을 것 같았다. 내가 신앙이 어렸을 때 시청각 자료로 물 컵에 양파를 그리게 하셨는데 물 컵 아래쪽은 뿌리를 그리게 하셨고 위에는 초록 순이 올라오는 그림을 그리게 하시고 설명을 해 주셨다.

"네 속에 자아가 있는데 네가 알지 못하는 교만, 욕심, 거짓, 미움, 원망, 불평, 이런 죄성(罪性)이 양파처럼 겹겹이 덮여 있어서 네가 볼 수 없었단다. 그 자아가 없어지고 그리스도의 자아가 형성될 때 네 자신을 볼 수 있단다. 자아 처리가 안 되면 자라나는 양파 뿌리와 잎처럼 죄가 자란단다. 네가 윤리 도덕적으로 죄인이 아니라고 해도 예수님의 생명으로 교체되지 않으면 말하고 움직이는 것이 하나님 앞에는 죄 밖에 나올 것이 없단다." 하시며 깨닫게 하시고 보게 하셨다(롬 1:18–32, 3:9–12).

하나님의 존재하심을 모르고 사는 것이 죄요, 하나님의 생명으로 살지 못한 것이 죄의 본질임을 깨달았다. 영생을 얻지 못한 인간은 육에 속한 자로 살 수밖에 없다. 하나님과 단절되어 영적으로 죽은 자이기에 영적인 지각이 없으므로 하나님의 생명을 인지할 수가 없었다. 그래서 육신의 생명으로 태어난 모든 사람은 미신과 우상숭배, 종교인의 모습으로 나타나는 것이다. 내가 이 속에서 허덕이며 살았던 것이다.

하나님의 생명에서 떠난 인간은 육신의 생각과 마음에 갇혀 욕심 부리는 것밖에 없다. 육신의 생각과 마음으로 스스로 선한 일에 힘쓰고 애쓰는 것은 결국 육신의 열매를 맺으므로 오히려 주님과 원수가 된다. 하나님의 생명에서 나오지 않은 모든 것은 헛된 것이다. 하나님은 육신의 생각과 마음에서 나오는 것은 어떤 것도 받을 수가 없다는 것을 알았다. 하나님께서 심지 않으신 것은 모두 뽑힐 것이라고 말씀하셨다(마 15:13).

생명의 빛에서 영광스런 빛으로

새 힘 얻으리 주를 바랄 때 주를 바랄 때 우리 주를 바랄 때
주님 통치하시네 소망, 구원 주시는 당신은 영원하신 주
내 영원하신 주 지치지 않으시는 주님

나의 사랑 나의 어여쁜 자야 일어나서 함께 가자/ 김종순

약한 자 방패되시며 위로자 되신 주

독수리 같은 힘 주시네.

_새 힘 얻으리

　나는 예수님이 좋아서 주님께 순종하기 바빴고 예수님은 이 세상에 사는 나의 환경을 변화시키셨다. 자그마한 다세대 주택의 전세 집에서는 구역예배 드리기가 불편해서 구역예배를 드릴 수 있는 거실이 필요하다고 구했더니 구역장님의 돈으로 아파트를 계약하게 하셔서 이사할 수 있었는 데 너무 기뻤다. 그런데 거기서는 부부 동반으로 구역예배를 드리니 마찬가지로 좁아서 "하나님 넓은 거실이 있는 집으로 옮겨 주세요." 하고 생각만 했다. 얼마 후 그 집을 팔아 육천만 원을 남기고 거실이 넓어 충분히 예배할 수 있는 28평 아파트로 옮겨가게 되었다. 나의 기쁨은 넓어진 집이 아니라 구역예배를 자유롭게 드릴 수 있다는 것이었다. 나 같은 죄인을 하나님이 찾아오셔서 십자가의 사랑과 부활의 능력으로 육체와 정신을 온전하게 치유하셨다. 그리고 구역 식구들과 예배하고 온종일 은혜를 나눌 수 있어 너무 감사했다. 모든 것이 하나님의 은혜였다.

　대출 받아 집을 샀는데 세 아이 학비와 대출을 갚아 가며 살기란 만만치 않았다. 큰아이 초등학교 3학년, 쌍둥이 1학년일 때 하나님은 나에게 신학할 마음을 주셨다. 그러나 나는 이해할 수 없어서 목놓아 울 수밖에 없었다. 그때 환경적으로는 불가능했다. 구역장님에게 사실대로 고백했더니 잠잠히 기다리란다. 하나님이 인도하시고 환경을 만들어 주실 거라고 했다. 나는 잊어버리고 성실히 살고 있을 때 하나님께서는 뜻밖에 남편 직장을 옮겨 주셨다. 사람의 힘으로는 할 수 없는 우리나라 최고의 기업으로 옮겨 주셨고 보너스만 1년에 1,200%가 들어와 매달 돈 찾으러 은행에 다니기도 바빴다. 또 3년 싱가포르 해외 근무를 하게 되었고 은행 빚도 다 갚게 되었다. 마이너스가 플러스로 되고 구역장님의 말처럼 환경을 만들어 주신 것이다. 신학을 할 수 있는 돈이 마련되자, 가족회의를 열어 어린 자녀들에게 설명하고 남편의 동의를 얻어 신학을 시작했다.

그런데 하나님의 말씀이 두려워서가 아니라 나는 하나님을 더 정확히 알아야 복음을 바르게 전할 수 있다고 생각했다. 미신과 불교, 유교에 젖어 있는 양가 가족들에게 복음을 바르게 전해야 한다는 것에 초점을 맞추고 교회를 옮겨 신학을 하게 되었다. 장로회 대신 측에서 교육 잘 받고 크로스웨이 졸업할 때도 최우수상을 받았다. 성결신학을 3년 하다가 중퇴했다. 처음부터 사역을 하기 위해 시작한 것이 아니라 복음을 바르게 알고 싶어서였기 때문에 교만해질까 봐 그만둔 것이다.

그 뒤에 나는 한 교회에 정착을 하지 못했고 여기저기 떠돌며 예배를 드리는데 초등학생인 큰아이가 "엄마 나는 굴러다니는 돌이 되기 싫고 박힌 돌이 되고 싶어."라고 말하는데 어린 아이 입에서 나올 수 없는 박힌 돌이라는 말에 충격을 받고 산에 올라가 소리, 소리 질렀다.

하나님의 음성으로 깨달아졌다. 내 스스로 결정했다는 것을 깨달았다. 결국 하나님께서는 남편을 설득시키신 것이다. 아내가 다시 신학을 배워야 한다는 생각과 아내를 하나님께 드려야 한다는 사실을 깨닫고 고민하며 1년을 묵인한 것이었다. 나 역시 다시 시작해야 된다는 것을 알고 있었지만 서로 입을 열지 못했다. 나도 비켜 가고 싶었고 두려웠다. 때가 되어 서로 입을 열어 나누게 되고 결정하여 학교에 찾아가 성적표와 이명증서를 준비해서 남편 자동차로 서울장로회신학교를 찾아가 총장님을 뵙고 모든 절차를 마치고 돌아왔다.

대학원을 마칠 때까지 가족들이 물심양면으로 도와주었다. 큰아이 고등학교 3학년, 쌍둥이 고등학교 1학년 때에 개척을 준비하는 데 모든 사람들이 이해할 수가 없다고 말했다. 돈 벌어 아이들 학비에 보태야지하며 염려했다. 하나님은 날마다 나에게 할 수 있다는 믿음을 주시고 사람을 붙여 주셨다. 당시 목회하고 있는 목사님 부부에게 계속 교회를 저 전도사에게 거져 주라는 마음을 주신다고 나에게 몇 번을 고백하셨다.

　　그러기를 몇 날, 나는 하나님의 은혜에 떠밀려 개척하게 되었고 새벽예배와 저녁기도회를 3년 하면서 성경이 깨달아지며 사람으로는 알 수도 없고 할 수도 없는 일을 보게 되었다. 특히나 놀라운 것은 사람들이 그렇게 걱정하고 염려했던 것이 내 속에서 모두 사라져 버린 것이다. 세상에 속한 자가 아니라 하늘에 속한 자가 되어 버린 것이다.

　　　　이르시되 무릇 사람이 할 수 없는 것을 하나님은 하실 수 있느니라(눅 18:27).

　　세상 근심, 걱정, 염려가 사라져 세상 것을 걱정할래야 할 수가 없게 되었다. 내가 잘못된 것은 아닌가 의심하면 하나님께서는 즉시 말씀하셨다. 두려운 마음에 깊은 생각에 잠겨 있으면 하나님께서는 "두려워 말라 내가 너와 함께 함이라 놀라지 말라 나는 네 하나님이 됨이라 내가 너를 굳세게 하리라 참으로 너를 도와주리라 참으로 나의 의로운 손으로 너를 붙들리라." 하시며 예배의 성공자는 반드시 인생의 성공자가 된다는 것을 깨닫게 하셨다.

법정 스님이 별세하셨을 때 그는 가난하게 사셨고 아무것도 가지지 않아 『무소유』에 대한 책이 베스트셀러일 때가 있었다. 가끔 성 프랜시스의 생애에 대해 생각할 때도 있었다. 그런데 생각지도 못하게 하나님께서는 무소유에 대한 놀라운 깨달음을 주셨다. 세상에서 말하는 무소유는 먹는 것과 입는 것을 절제하고 아무것도 가지지 않는 것을 말한다. 그러나 하나님 나라에서의 무소유는 다르다. 천지만물 모든 것의 주인은 하나님이시란다. 예수 그리스도는 하나님의 아들로 이 땅에 오셨고 하나님은 그의 아버지가 되신다. 그리스도인은 아무것도 갖지 않고 먹지 않으며 사는 것이 아니라 천하에 모든 것을 다 가지고도 내 것으로 여기지 않고 사는 것이다. 잘 먹고 잘 마시며 기뻐하고 즐거워하며 하나님 앞에 사는 것이라고 깨닫게 하셨다.

하나님 것은 다 예수님께 주셨고 예수님의 생명으로 거듭난 나에게도 그분과 똑같은 아들이 되어 상속자가 되었으니, 내 아버지 되신 하나님의 모든 것이 내 것이 된 것이다. 그러나 내 것으로 여기지 않고, 욕심 부리지 않고 내가 존재함에 감사하고 하나님을 찬양하며 하나님만 바라면 믿음의 분량만큼 사용할 수 있다는 것이다(요 16:15).

내 인생의 등불이 되시고 길이 되어 주신 예수님. 성경은 내 삶의 지침서가 되었고 예수님은 모든 인생의 모델이 되어 주셨다. 나의 영원한 생명이 되신 그리스도, 내 인생에 최고의 선물이며 마지막 선물임이 분명하다.

사도 바울의 신앙처럼 하나님을 기쁘시게 하는 영광의 길을 선택한 것이 최상의 선택임을 하나님께 감사드린다. 이제 제 3막의 인생을 준비한다. 1막은 어둠의 늪에서 사망으로 2막은 사망에서 생명의 빛으로, 내 인생의 1막과 2막은 거친 파도타기 인생이었다.

영광스런 빛 안에서 안식하며 누리는 삶

주 날 구원했으니 어찌 잠잠하리 기쁨의 찬송드리리

주 내 죄 사했으니 어찌 잠잠하리 기쁨의 경배드리리

주를 향한 나의 사랑 멈출 수 없네 멈출 수 없네

주를 향한 나의 열정 멈출 수 없네 멈출 수 없네

나 기쁨의 춤추리 내 모든 슬픔 바꾸셨네

나 기쁨의 춤추리 내 모든 삶 주 안에 있네.

_멈출 수 없네

거친 파도가 잠잠해지고 잔잔한 호수에 돛단배가 떠가듯이 주님이 주신 평강 가운데 누리며 가고 있다. 주 안에서 세상 근심, 걱정, 염려는 사라졌고 세상이 줄 수 없는 기쁨과 세상이 줄 수 없는 평강을 누리게 되었다. 주님이 주신 은혜를 잊지 않고 마음에 요동함 없이, 아직 못 다 핀 꽃 한 송이처럼 주님만 바라보며 감사할 뿐이다.

우주 만물의 창조자인 예수 그리스도의 십자가 사랑을 모르면 하나님을 모르는 자다. 하나님을 모르고 사는 자는 이 세상을 사는 동안 도적에게 속아서 내 생명을 도적질 당하고 시간을, 세월을 허비하며 이성 없는 짐승으로 살다가 사망인 지옥으로 끌려간다.

돼지의 비유를 들어 보자. 주님이 나와 함께함을 인식하고 걸을 때 깨닫게 하신 말씀이다. 돼지는 눈만 뜨면 먹을 것을 찾는다. 사람의 인기척만 들려도 밥 달라고 꿀꿀꿀 하고 소리 지른다. 주인은 시끄러워서 그럴 때마다 먹을 것을 준다. 돼지가 많이 먹은 만큼 도살장에 팔려가 자기 생명이 단축되듯이 하나님을 모르면 인간의 탐욕이 자기 앞을 가려 눈만 뜨면 벌어야 하고, 스펙을 쌓아야 하고, 부와 명예와 권세를 잡으려고 자기 몸이 병이 들었는지 어디로 끌려가는지조차 모르고 살다가 허리를 펴며 "이제는 됐다." 하면 마음이 허망하여 무너져 내린다. 사람은 이 세상 것으로는 그 어떤 것으로도 마음을 채울 수가 없다. 오직 위의 것, 예수님의 생명으로만 채워진다.

　내가 무엇을 위해 살았는가? 사람이 그 한 가지를 잡으려고 달려 왔는데 가장 소중한 것은 잊어버리고 내가 잡은 명예와 권세, 많은 돈은 무엇을 할꼬, 도적은 도적질하고 죽이고 멸망시키려는 것뿐이다. 마귀는 사람들로 하여금 죄를 짓게 해서 사망으로 끌고 간다. 예수님이 이 땅에 오신 것은 사람들로 하여금 생명을 얻게 하고 더 풍성히 얻게 하는 것이다.

　예수님이 이 땅에 오신 목적은 우리의 죽었던 영을 살리시고 영원한 하나님의 생명으로 함께 살면서 깨든지 자든지 영원토록 만족하며 살도록 하시기 위해 오셨다. 성령께서 내 안에 거하시면서 날마다 소망의 위로를 주시고, 모든 일에 지혜롭게 분별하여 썩어질 것에 속지 아니하고, 부드러운 마음, 사랑의 마음으로 행하게 하신다. 목자는 양의 이름을 알고 양은 주님의 음성을 듣는다. 내 안에 그리스도가 계심을 스스로 확신하며 성령이 친히 하나님의 자녀인 것을 증거해 주신다. 그러므로 세상이 나를 정죄하고 핍박할지라도 두려움 없이 하나님의 자녀임을 증거하며 하늘에 상을 바라보며 달려가게 하신다.

　하나님이 우리를 사랑하셔서 사망에서 생명으로 옮겨진 사실을 아는 자는 반드시 형제를 사랑할 줄 아는 사람이 된다. 이것이 하나님이 나와 함께하시는 증거다.

내가 그랬던 것처럼 하나님을 알지 못해서 전도자를 욕하고, 핍박하고, 조롱해도, 새 사람은 십자가의 사랑이 강권하시므로 전도하고 선교하는 것이다. 십자가 사랑이 새 생명 가운데 행하게 하시는 것이 전도와 선교다. 또한 하나님 나라에 소속된 자는 반드시 내가 살고 있는 나라에 대한 애국심이 생긴다.

일제강점기 때 17살 소녀 유관순은 대한독립만세를 외쳤다. 3.1절마다 떠오르는 태극기와 유관순 누나를 보라. 그는 하나님의 사람이었다. 10대이며 연약한 소녀였지만 나라와 조국을 위하여 자기 생명을 아낌없이 바쳤다. 그 시대에도 그런 독실한 크리스천이 존재했으므로 오늘날의 아름다운 조국이 있는 것이다. 하나님께서 한국 역사에서 유관순을 높이고 자랑하는 것 같다. 그러나 그 일을 행하게 하시는 생명의 능력이 그 생명을 붙들어 하나님을 나타내는 것이다.

역대하 9장에 보면 스바 여왕이 솔로몬의 지혜와 명성을 듣고 솔로몬 왕을 찾아온다. 스바 여왕이 찾아와서 본 것은 솔로몬의 지혜와 그가 건축한 궁을 봤다. 상 위의 음식들, 신하들을 비롯해 모든 것에 황홀함을 느꼈다고 고백한다. 보이는 것은 다 솔로몬의 것이었다. 그런데 스바 여왕은 솔로몬을 높이는 것이 아니라 하나님을 높이며 찬양한다. 왜 그럴까? 솔로몬의 지혜는 하나님의 것이었기 때문이다.

세상과 구별되어 하나님의 자녀가 된 그리스도인은 세상에서 어떤 말, 어떤 일을 해도 하나님이심을 인정하게 되고, 자기의 기쁘신 뜻을 위하여 소원을 두고 행하게 하시는 이도 하나님이심을 안다. 또 무엇을 하든지 말에나 일에나 다 주 예수의 이름으로 하고 그를 힘입어 하나님 아버지께 감사하게 된다. 내가 예수님과 함께 십자가에 못 박혀 죽고 그리스도의 생명으로 살게 되었다면 하나님의 아들이 되어 하나님의 나라에서 생명의 성령의 법(형제 사랑, 이웃 사랑, 나라 사랑)을 지키며 살게 된다. 그 사랑이 그렇게 생각과 마음을 주관하시고, 이끌어 가시며, 몸으로, 물질로, 시간으로 순종하여 헌신하게 하시고 하나님께 감사하며 하나님을 높일 때 함께 높임을 받게 된다.

이것이 하나님의 것을 다 가진 믿음으로 사는 것이요, 내 것이 없는 것 같으나 세상 모든 것을 다 가진 자로써 가장 부요한 믿음을 소유한 자의 삶이다. 하나님의 사람의 특징은 욕심이 없고 거짓이 없으며, 보이는 사람 앞에 사는 것이 아니고 보이지 않는 하나님 앞에서 그분을 보고 사는 것이다. 그러므로 애매히 욕을 먹어도 주님이 주신 기쁨이 유지되고 애매히 고난을 받고, 손해보아도 주님이

나의 사랑 나의 어여쁜 자야 일어나서 함께 가자/ 김종순

주신 평강이 유지되기까지 성장해야 한다. 그래서 세상이 줄 수 없는 기쁨이고 세상이 줄 수 없는 평강이라고 하는 것이 분명하다.

예수님도 이 땅에 오셔서 첫 번째 하신 일이 "회개하라 천국이 너희 앞에 와 있다"고 선포하셨고, 회당에서 가르치시며(teaching), 천국 복음을 전파하시며(preaching), 백성 중에 모든 병과 약한 것을 고치셨다(healing, 마 4:23).

> 예수께서 이르시되 내가 다른 동네들에서도 하나님의 나라 복음을 전하여야 하리니 나는 이 일을 위해 보내심을 받았노라 하시고(눅 4:43).

예수님을 몰라서 욕하고 핍박하며 살 때 나는 이미 죽었다. 사망의 깊은 수렁에서, 음침한 사망의 골짜기에서 건져 내어 살리신 분은 하나님이시다. 나로 다시 살게 하신 이가 하나님이시니 내가 사는 날 동안 복음을 위해 살기를 소망한다. 하나님의 생명의 성령의 법이 죄와 사망의 법에서 나를 해방시켜 살 길을 열어 주셨고, 이 땅에 사는 동안 살아야 할 가치와 목적과 방향이 확실하게 설정되었기에 행복을 노래한다.

너희를 부르신 이는 미쁘시니 그가 또한 이루리라(살전 5:24).

작은 것에 감사하고 작은 일에 충성하며 영생의 선물을 가진 자로서 아직 예수님을 모르는 나와 같은 죄인들을 섬겨 살리는 일을 하길 원한다. 내 앞에 3막의 인생, 세상은 변함없고 주어진 환경과 상황이 같을지라도 그리스도 안에서 천국을 누리며, 미래에 이루어질 천국을 소망하며 달려갈 것이다.

글을 마치며

이제는 내가 없고 오직 예수님만

내 안에 살아계신 오직 예수님만

찬양하며 살리라 예배하며 살리라

내 안에 계신 오직 예수님만

주님은 나의 아바 아버지

내 상한 영혼 만지시고

주님은 나의 하늘 아버지

나의 사랑 나의 어여쁜 자야 일어나서 함께 가자/ 김종순

나의 모든 것 주님께 맡기리

이제는 내가 주님과 함께 십자가 위에 죽었으니

이제는 내가 산 것 아니요

내안에 주님이 사신 것 이라

_이제는 내가 없고

　육신의 아버지는 내 꿈을 이루어 주지 못하셨지만 하나님 아버지께서는 신앙을 통해 하나님을 알고 나를 알게 하셨다. 세상 학문과 비교할 수 없는 최고의 학문인 신학교, 신대원의 졸업까지 이끄셨고, 실천신학(Th.M.)까지 공부할 수 있도록 내 꿈을 이루어 주셨다. 또한 하나님께서는 남편이 나에게 했던 약속까지도 이루어 주셨다. 지금은 하나님의 영광을 나타내기 위해 주님만을 바라고 의지하며 가족들의 사랑과 격려에 힘입어 박사 논문을 준비 중에 있다.

CBS 방송아카데미에서 함께 1기로 공부하신 분들이 소중한 책을 내게 되었다. 8주간 윤학렬 교수와 함께한 강좌 이후에 "내적치유와 책 만들기 강좌"를 통해서 얻게 된 소중한 지식을 책으로 묶어서 출간하게 되어서 감사하다.

게르하르트 하우프트만(Gehart Hauptmann: 독일의 극작가, 시인, 소설가, 1912년 노벨문학상 수상)은 책에 대해서 "책은 이 세상의 가장 위대한 기적 중의 하나이다. 그것은 무형의 것, 정신을 담기 위한 실질적인 그릇이다. 책은 인간과 같은 것이다."라고 했다. 맞는 말이다. 책은 가장 위대한 기적 중의 하나이고, 책은 인간과 같다.

여기에 수록된 열 사람의 글은 게르하르트 하우푸트만의 말처럼, 모두 그들의 삶 자체를 이야기했다. 필자는 건축을 하고 10년간 인생의 밑바닥에서 독서와 글쓰기를 통해서 일어난 이야기를 "책짓기 건축술"로 승화시켜서 이야기했다. 김재민은 70년을 살아온 인생 속에서 만난 "만남의 은총"을 이야기했다. 박영순은 목회자의 아내로서 자신이 겪었던 삶의 체험을 글로써 고백해 놓았다. 이은혜는 크리스찬 사업가로서 하나님과 동행하는 믿음을 기록했다.

이해성은 독서의 유익성에 대해서 구체적인 사례로 우리를 다시 독서의 세계로 이끌어 주고 있다. 박성화는 30년 목회 여정의 진솔한 고백들을 담아내었다. 박반석은 30년 외국 생활에서 체득한 믿음의 원리를 이야기했다. 임동택은 인생을 노래하는 복음의 사역자로의 정직한 고백을 기록했다. 이경채는 '가꿈 행복의 정원사'로서 살아온 30년 인생 체험을 이야기하고 있다. 김종순은 '생명의 성령의 법'으로 사는 복음의 능력을 체험적으로 썼다.

여기에 글을 쓴 9명의 동역자들이 앞으로 함께 복음 행복을 노래하면서 펼쳐갈 미래가 기대가 된다. 각자의 전문성을 가지고 또 연합하면서 함께 글을 쓰면서 만들어 갈 미래는 분명히 가슴 뛰는 내일일 것이다. 한 분, 한 분의 역할이 기대된다. 지금까지 귀하게 하나님께 쓰임 받으신 분들이 이제 함께 책을 출간하면서 더욱더 존귀한 주님의 도구가 되리라고 생각한다.

CBS 내적치유와 책 만들기 8주 과정을 통해서 30년 글쓰기의 체험을 열정적으로 나누어 주신 윤학렬 교수님께 감사드린다. 글쓰기를 배우면서 함께 책 만들기 과정을 지도할 수 있어서 기쁨과 보람은 두 배가 되었다. 이은혜 코치의 전문성 있는 코칭에도 감사드린다. 앞으로도 CBS 방송아카데미를 통해서 귀한 믿음과 치유의 작가들이 많이 양성되어 가기를 소망한다. 모든 원고가 마무리 될 무렵 최종 교정으로 수고해 주신 『다독다독 책·꿈·행복』의 저자 강혜숙 작가님께도 감사의 인사를 드린다.

이번에 출간되는 CBS 1기 책인 『책짓기 건축술』을 정성을 다해 만들어 주신 예영커뮤니케이션 원성삼 대표님과 직원 여러분께 깊이 감사드린다. 모든 영광을 하나님께 올려 드린다.

2018년 7월

CBS 방송아카데미 박성배 교수